T0284278

Trastorno Límite de la Personalidad

DESCARGA
GRATIS
CON ESTE
CÓDIGO
en la web www.editorialsirio.com/descargas

ANSFOB12

TE ENVIAREMOS UNAS PAGINAS DE
LECTURA MUY INTERESANTES

Promoción no permanente. La descarga de material
de lectura sólo estará disponible si se suscriben a
nuestro boletín de noticias. La baja del mismo puede
hacerse en cualquier momento.

Título original: Borderline
Traducido del portugués por Manuel Manzano Gómez
Diseño de portada: Editorial Sirio, S.A.
Maquetación: Toñi F. Castellón

© de la edición original
2012, Editora Isis

© de la presente edición
EDITORIAL SIRIO, S.A.
C/ Rosa de los Vientos, 64
Pol. Ind. El Viso
29006-Málaga
España

www.editorialsirio.com
sirio@editorialsirio.com

I.S.B.N.: 978-84-18531-71-2
Depósito Legal: MA-156-2022

Impreso en Imagraf Impresores, S. A.
c/ Nabucco, 14 D - Pol. Alameda
29006 - Málaga

Impreso en España

Puedes seguirnos en Facebook, Twitter, YouTube e Instagram.

El papel utilizado para la impresión de este libro está **libre de cloro** elemental (ECF) y su procedencia está certificada por una entidad independiente, no gubernamental, que promueve la sostenibilidad de los bosques.

Taty Ades & Dr. Eduardo Ferreira Santos

Trastorno Límite de la Personalidad

Infancia interrumpida, adulto con TLP

EDITORIAL
SIRIO

AGRADECIMIENTOS

Damos las gracias a las personas que están comprometidas con la ayuda a los demás como propósito de vida; a los profesionales de la salud implicados en la gestación de esta obra, como la psicoanalista Dorli Kamkhagi, la psicóloga Lia Ades Gabbay y la socióloga Nora Dalva, y a todos los afectados por el trastorno límite de la personalidad, por su esfuerzo y amabilidad al concedernos tantas entrevistas.

Taty Ades y Dr. Eduardo Ferreira Santos

En memoria de:
Cesar Ades, padre e investigador.
Taty Ades

ÍNDICE

INFANCIA INTERRUMPIDA: ADULTO CON TLP

A finales del siglo pasado, el trastorno límite de la personalidad (TLP) se estableció como una categoría importante de la psicopatología. Surgió dentro del enfoque psicoanalítico y en tan solo unas décadas logró alcanzar un lugar importante en la clasificación psiquiátrica oficial.

En los inicios, la mayoría de las investigaciones psicoanalíticas consideraban dos categorías principales: «neurosis» y «psicosis». Poco a poco se hizo evidente un grupo de personas que no se ajustaban a esta dicotomía y que no mejoraban con el psicoanálisis clásico. Eran individuos que presentaban síntomas neuróticos pero que, tras un análisis más detallado, no encajaban en este diagnóstico. Adolf Stern fue el primero en describir formalmente a este grupo bajo el nombre de «trastorno límite de la personalidad» en 1938, en Estados Unidos.

El término *borderline* se utilizó durante muchos años para describir a los pacientes que, aunque tenían problemas funcionales graves, no encajaban en otras categorías de diagnóstico y eran difíciles de tratar con métodos analíticos convencionales. Muchos consideraban a los pacientes de TLP como en la frontera entre la neurosis y la psicosis. Otros, entre la esquizofrenia y la no esquizofrenia, o entre lo normal y lo anormal. A lo largo de los años, el término *borderline* ha evolucionado en la comunidad psicoanalítica para referirse a una estructura particular de organización de la personalidad y a un nivel intermedio de gravedad y funcionamiento. El concepto de organización de la personalidad *borderline* fue introducido por Otto Kernberg en 1975.

Otros sistemas conceptuales propusieron organizar los síndromes conductuales y las teorías etiológicas asociadas con el término *borderline*. Los síntomas y comportamientos vinculados con el trastorno límite de la personalidad fueron volviéndose cada vez más ampliamente reconocibles.

Se han hecho varios intentos para describirlos mejor en la nosología psiquiátrica. Entre tales intentos, en los años sesenta y setenta del siglo XX, con un enfoque en las vivencias transitorias que tienen estos individuos, con características psicóticas, las personas con TLP se ubicaron en el mismo espectro que aquellas que padecían esquizofrenia. En la década de los ochenta, con un enfoque en el estado de ánimo disfórico crónico y en la labilidad afectiva,* el TLP se incluyó en el espectro de los trastornos afectivos.

Más adelante, en los noventa, se situó en el espectro de los trastornos de los impulsos, es decir, se veía como una condición relacionada con los trastornos derivados del uso de sustancias, con el trastorno antisocial y, quizá, con los trastornos alimentarios. Desde este punto de vista, el TLP no se consideraba una forma atípica de estos otros trastornos, sino una forma específica de trastorno de la personalidad que compartía con estos la propensión a la hiperreactividad emocional. A finales de la década de los ochenta y principios de los noventa, varios estudios encontraron una alta tasa de TLP en víctimas de abuso sexual infantil. Se propuso, entonces, considerarlo como parte del espectro de los trastornos derivados del trauma, como el trastorno por estrés postraumático y los trastornos disociativos.

A pesar de estos puntos de vista diferentes, hoy en día el TLP es un diagnóstico bien establecido. Las características que ahora lo definen fueron descritas por Gunderson y Kolb en 1978, y desde entonces se han incorporado a las clasificaciones psiquiátricas

---

* N. del T.: Inestabilidad de ánimo. Tendencia al cambio frecuente (brusco, breve e intenso) del humor, a menudo ocasionado por estímulos externos o internos de escasa intensidad o importancia. (Fuente: Diccionario médico)

contemporáneas. Es incluso el trastorno del Eje II* mejor validado, solo superado por el trastorno de personalidad antisocial. De un concepto cuestionado al margen de la nosología, pasó a ser un diagnóstico que, avalado por la autoridad del DSM (siglas en inglés de *Diagnostic and Statistical Manual of Mental Disorders*, es decir, 'manual diagnóstico y estadístico de los trastornos mentales'), se aplica a un porcentaje importante de la población psiquiátrica: es el trastorno de personalidad que se encuentra con mayor frecuencia en la práctica clínica y el que tiene entre quienes lo sufren las mayores tasas de suicidio consumado y de intento de suicidio.

Su prevalencia se estima en el dos por ciento de la población general, en el diez por ciento de los pacientes de clínicas psiquiátricas y en el veinte por ciento de los pacientes psiquiátricos hospitalizados. Aproximadamente del treinta al sesenta por ciento de los pacientes a los que se les ha diagnosticado trastornos de la personalidad son *borderlines*. El diagnóstico de TLP es predominante en la población femenina, que corresponde al setenta y cinco por ciento de los casos.

Según el DSM IV, la característica esencial del TLP es un patrón general de inestabilidad en las relaciones interpersonales, la autoimagen y la afectividad, y una notable impulsividad que comienza al principio de la

---

* N. de la E.: Uno de los diferentes ejes que recoge el DSM. En él se incluyen los trastornos de personalidad (límite, antisocial, histriónico, etc.) y el retraso mental.

edad adulta y se da en diversos contextos. Para diagnosticarlo, el paciente ha de cumplir cinco (o más) de los siguientes criterios:

1. Esfuerzos frenéticos para evitar un abandono real o imaginario. Nota: No incluir el comportamiento suicida ni la autolesión, recogidos en el criterio cinco.
2. Un patrón de relaciones interpersonales inestables e intensas, caracterizado por la alternancia entre los extremos de idealización y devaluación.
3. Alteración de la identidad: autoimagen o sentido de sí mismo acusada y persistentemente inestable.
4. Impulsividad en al menos dos áreas potencialmente dañinas para la persona misma (por ejemplo, gastos económicos, sexo, abuso de sustancias, conducción imprudente, comer compulsivamente). Nota: No incluir el comportamiento suicida o de autolesión, recogido en el criterio cinco.
5. Comportamientos, intentos o amenazas suicidas recurrentes, o comportamiento de autolesión.
6. Inestabilidad afectiva debida a una acentuada reactividad del estado de ánimo (por ejemplo, episodios de disforia intensa, irritabilidad o ansiedad, que suelen durar unas pocas horas y rara vez más de unos pocos días).
7. Sentimientos crónicos de vacío.

8. Ira inadecuada e intensa o dificultad para controlar la ira (por ejemplo, muestras frecuentes de mal genio, enfado constante, peleas físicas recurrentes).
9. Ideación paranoide transitoria relacionada con el estrés o síntomas disociativos graves.

- 1 -

El TLP es cinco veces más común entre los familiares biológicos de primer grado de quienes lo padecen que en la población general. También existe un mayor riesgo familiar de trastornos relacionados con sustancias, trastornos de la personalidad, trastornos antisociales y trastornos del estado de ánimo.

Suele presentarse al inicio de la edad adulta, provocando una gran inestabilidad emocional, impulsos descontrolados y un riesgo de suicidio mucho mayor, que tiende a disminuir con el avance de la edad. A menudo, coexiste con trastornos del estado de ánimo y con trastornos alimentarios (principalmente bulimia). Los concomitantes comunes también son el trastorno de estrés postraumático, el trastorno por déficit de atención/hiperactividad y otros trastornos de la personalidad.

Como se puede ver, el TLP es una condición heterogénea y sus síntomas se superponen a los de los trastornos depresivos, esquizofrénicos, impulsivos, disociativos y de identidad. Este hecho, unido a la presencia de comorbilidades, dificulta la identificación del trastorno en la práctica clínica. La principal diferencia entre los síntomas básicos del TLP y otras afecciones es su fluctuación y variabilidad. Así, en el TLP, los síntomas psicóticos y paranoicos son solo transitorios, los síntomas depresivos cambian intensamente de un momento a otro, las ideas suicidas pueden ser agudas e insoportables pero solo durante un corto período de tiempo, las dudas sobre la identidad van y vienen. Para cada una de las condiciones comórbidas equivalentes, hay mucha más consistencia de estos síntomas.

Existe evidencia de mejoría de la condición con intervenciones apropiadas, con el cincuenta por ciento de las personas que ya no cumplen con los criterios de TLP entre cinco y diez años después del primer diagnóstico. No se puede decir con certeza, sin embargo, que tal evolución se deba al tratamiento brindado, ya que se sabe que entre los treinta y los cuarenta años de edad, la tendencia de los individuos con TLP es lograr una mayor estabilidad en las relaciones y en la vida profesional. Muchos, entonces, ya no cumplen con los criterios de este trastorno.

Los fracasos terapéuticos son frecuentes. Los individuos a los que se les ha diagnosticado TLP representan un gran desafío para el tratamiento, ya que la disfunción inicial puede ser extrema, y la mejoría clínica significativa es, en general, lenta. La relación con el profesional de la salud mental y la adherencia al proceso de atención es difícil. Dichos pacientes suelen ser impredecibles y se acercan o distancian excesivamente en la relación con el profesional, lo que provoca reacciones que oscilan entre el rechazo y la seducción. Muchos terapeutas se sienten inadecuados o abrumados. A pesar de ello, es cierto que las intervenciones psicosociales son fundamentales desde el principio.

- 2 -

El individuo con TLP experimenta una cantidad excesiva de crisis, estresores ambientales, relaciones interpersonales problemáticas, situaciones ocupacionales difíciles. Se vuelve realmente complicado para él disfrutar de la vida o encontrarle sentido. Además, sus patrones habituales de comportamiento disfuncional generan estrés e interfieren en sus posibilidades de mejorar y ser feliz.

Podemos decir que el TLP es, sobre todo, un trastorno del sistema de regulación emocional. Los individuos con este trastorno son incapaces de inhibir los actos de mala adaptación y los dependientes del estado de ánimo. Se da en ellos una marcada vulnerabilidad, además de una deficiencia en lo que llamamos «modulación emocional».

Son individuos muy reactivos a pequeños estresores, es decir, el umbral para la aparición de emociones es bajo, y reaccionan de forma rápida, intensa y exagerada. Sufren inestabilidad afectiva, muchos altibajos, que oscilan drásticamente entre emociones opuestas. Esto es particularmente importante en su experiencia con respecto a situaciones que causan frustración o rechazo, y muy a menudo las reacciones de ira exageradas, que causarían cierta irritación en la mayoría de la gente, en el *borderline* pueden llegar a causar furia. Además, es común que el regreso al nivel emocional basal sea lento, es decir, las reacciones emocionales se perciben como duraderas. La condición emocional de las personas con TLP se puede caracterizar, entonces, como un cuadro de experiencias afectivas aversivas crónicas.

El estado de ánimo disfórico básico de los individuos con TLP está plagado de estallidos de ira, pánico o desesperación, y rara vez se alivia con períodos de bienestar o de satisfacción. Son comunes las experiencias de angustia, ansiedad, irritabilidad y depresión. Los sentimientos crónicos de vacío y soledad, junto con el miedo que conllevan, motivan a los individuos con TLP a diversas conductas en la búsqueda de un «algo más», siempre ausente. Víctimas de una insatisfacción permanente, el placer de haber logrado algo es inalcanzable, incluso cuando el objetivo es efectivamente alcanzado.

Vinculado a la intolerancia a la soledad, tienen un inmenso miedo al abandono, y reaccionan ante situaciones de abandono real o imaginado, o incluso ante separaciones momentáneas, de manera desestructurada. Es decir, en estas ocasiones se producen cambios importantes en la autoimagen, en el afecto, en la cognición y en la conducta.

Es común, junto con la sensación de vacío, que no haya claridad de identidad. Ya se propuso que el TLP podía ser un desorden global de regulación y experiencia del yo. Pueden presentarse formas breves y no psicóticas de desregulación del pensamiento, como la despersonalización, la disociación y los delirios, causadas por situaciones estresantes y que remiten cuando tales situaciones han pasado.

Se da una extrema dificultad para renunciar a una relación, incluso si es una relación difícil. Los individuos con TLP pueden hacer grandes esfuerzos para evitar que los abandonen las personas importantes para ellos. La necesidad de apoyo y afecto continuo a menudo surge en forma de exigencia, lo que explica una verdadera intolerancia a la ausencia y a la separación. A menudo atacan a aquel de quien dependen.

Presentan la capacidad de obtener lo que quieren de los demás, pero lo reciben como si no les debieran nada. La expectativa es que el otro satisfaga sus necesidades de apoyo, atención, cariño... Sin embargo, debemos tener cuidado al llamar manipuladores a los individuos que tienen TLP, lo que no es infrecuente. Es cierto que influyen en los demás con sus conductas de autolesión, con sus demostraciones de dolor intenso o con crisis que no pueden resolver ellos mismos. Pero esto, por sí solo, no significa que haya una intención de engañar o dañar al otro.

En las relaciones, hay una gran «exigencia» de intimidad y atención, incluso en las que acaban de comenzar. Las expectativas del individuo con TLP están distorsionadas y la posibilidad de sentir frustración es muy alta. Es común que tenga cambios repentinos de opinión sobre las personas: en un momento alguien es perfecto, al siguiente es un sinvergüenza.

No es difícil imaginar que sus relaciones pueden ser caóticas, intensas, difíciles.

Las personas con TLP son extremadamente impulsivas, con tendencia a la adicción, a menudo en más de un área: alcohol, drogas, medicamentos, comida... Se involucran en diferentes comportamientos destructivos e impulsivos, incluyendo el comportamiento suicida o de autolesión.

Un patrón de comportamiento bastante asociado al TLP, de hecho, es el de los actos autodestructivos intencionados y los intentos de suicidio. Estos actos pueden variar en intensidad, desde ligeros rasguños, golpes en la cabeza o quemaduras de cigarrillos hasta los más graves, como sobredosis, cortes profundos o asfixia. Se sabe que entre el setenta y el setenta y cinco por ciento de los pacientes con TLP tienen antecedentes de al menos un episodio de autolesión.

Los comportamientos suicidas del *borderline* no siempre son fatales. Las estimaciones de las tasas de suicidio varían entre estos pacientes, pero tienden a rondar el nueve por ciento. Parece haber una relación entre el número de criterios del DSM que se cumplen para el diagnóstico del TLP y la tasa de suicidio, es decir, cuantos más criterios se cumplen, más alta es la tasa. También existe una relación entre el historial de parasuicidio y la tasa de suicidio: las personas con tal historial tienen tasas de suicidio dos veces más altas que aquellas que no lo tienen.

Estos actos suelen precipitarse por amenazas de separación o por rechazo, o por expectativas de que asumirán mayores responsabilidades. La autolesión puede darse durante experiencias disociativas y, a menudo, brinda alivio al reafirmar la capacidad de sentir o al expiar el sentimiento de culpa.

Es muy común no poder dedicarse a una profesión, a una ocupación, por varias razones, entre ellas: no saben lidiar con las críticas, tienen poca tolerancia a la frustración, tienen dificultad para concentrarse y para perseverar, y son incapaces de aceptar las reglas y las rutinas. Además, son bastante volubles en sus opiniones y planes.

- 3 -

Varios estudios corroboran la importancia de considerar el abuso sexual infantil en la etiología del TLP. Estos estudios se basan en la alta prevalencia de este tipo de abuso en la historia de los adultos que cumplen con los criterios para tal trastorno. Se encuentran tasas de hasta el ochenta y cinco por ciento cuando se investiga el abuso sexual infantil de pacientes con TLP, ya sea ambulatorio o con hospitalización, en comparación con otros pacientes psiquiátricos. De hecho, parece haber una singularidad en la asociación del abuso sexual con el TLP, en comparación con otras formas de abuso o maltrato.

La circunstancia del abuso sexual en la infancia también tiene una asociación importante y directa con las conductas suicidas o con las parasuicidas, que a su vez son criterios en el diagnóstico de TLP.

Tanto el maltrato físico como el abuso sexual son selectivamente comunes en las historias de pacientes con TLP. Sin embargo, el maltrato físico generalmente no es más común en los informes de pacientes *borderline* que en los informes de los grupos de control. A su vez, se informa de abuso sexual de manera más consistente como parte de la historia de vida de los individuos con TLP que como parte de la historia de los pacientes de control con depresión u otros trastornos de la personalidad.

La conciencia del impacto que tienen las experiencias tempranas de abuso sexual en el desarrollo humano es de origen relativamente reciente. Durante los últimos años ha habido un aumento exponencial de la investigación en esta área.

Sin embargo, ese gran número de estudios no ha sido unánime en sus conclusiones. Existen controversias sobre la relación entre el abuso sexual en niños y las consecuencias negativas en adultos.

Algunos estudios han concluido que las víctimas de este tipo de abuso son muy vulnerables a una serie de efectos negativos posteriores. Esto implica una fuerte relación causal entre el abuso sexual infantil y las psicopatologías. Otros, más cautelosos, argumentan que las consecuencias son variables, y que no pueden considerarse de antemano como intensamente negativas.

Tampoco existe un acuerdo concluyente sobre el papel de variables como el sexo, la edad en la que ocurrió el abuso, el tipo y la gravedad, o la relación con el abusador, en la gravedad de las consecuencias del abuso sexual infantil.

Actualmente, se sabe que los déficits neuropsicológicos, incluidos el de la memoria y el del aprendizaje, los cambios genéticos y los factores ambientales, parecen jugar un papel importante en la enfermedad, lo que apunta a un modelo multifactorial de la etiología del trastorno límite de la personalidad.

Las tendencias de estudio de hoy se basan en:

- Acceder a una variedad de experiencias patológicas en la infancia en lugar de centrarse solo en la prevalencia del abuso sexual.
- Explorar de manera más explícita los parámetros importantes del abuso sexual (tales como si la persona que cometió el abuso fue uno de los padres, el tiempo que duró o si hubo penetración), ya que pueden influir en los adultos de diferentes maneras.
- Utilizar análisis multivariados* para determinar hallazgos significativos.

- 4 -

Al utilizar el término TLP, en general, corremos el riesgo de ignorar a los individuos en sus singularidades. Cuando determinamos un diagnóstico, o acuñamos un término, es inevitable que caigamos en generalizaciones, que perdamos de vista lo humano y lo particular.

No hay mejor manera de abrir nuevos campos de cambio que dar voz a las personas, con sus experiencias intransferibles. Para aprender es necesario clasificar,

---

* N. de la E.: Conjunto de métodos estadísticos y matemáticos destinados a describir e interpretar los datos que provienen de múltiples variables tanto cuantitativas como cualitativas que se observan simultáneamente. Se trataría, pues, de una aproximación holística.

buscar similitudes, pero sin perder nunca la perspectiva de la experiencia singular.

En este sentido, escuchar a mujeres con un diagnóstico de TLP que sufrieron abuso sexual en la infancia es más que una curiosidad investigadora. Es proponerse escuchar a seres humanos, tan humanos como aterrados, tal es la intensidad y fuerza de sus emociones. Es ponerse en contacto con lo inestable, con la ausencia de control, con nuestro miedo a enfrentarnos a nuestra propia vulnerabilidad, desamparo e inestabilidad.

Lia Ades Gabbay,
psicóloga clínica, con un máster
en Psicología Escolar y Desarrollo Humano
por el Instituto de Psicología de la USP.
Lia.ades@gmail.com

EXPLICACIÓN DEL TRASTORNO LÍMITE DE LA PERSONALIDAD: CIE-10*

Trastorno de la personalidad caracterizado por una clara tendencia a actuar de manera impredecible sin tener en cuenta las consecuencias; humor impredecible y caprichoso; tendencia a ataques de cólera e incapacidad para controlar conductas impulsivas; tendencia a adoptar un comportamiento pendenciero y a entrar en conflicto con los demás, especialmente cuando los actos impulsivos son frustrados o censurados. Se pueden distinguir dos tipos: el impulsivo —caracterizado principalmente por la inestabilidad emocional y la ausencia de control de los impulsos— y el tipo *borderline* —caracterizado, además de por

---

* Clasificación Internacional de Enfermedades. 10.ª edición.

lo anterior, por las alteraciones de la autoimagen, del establecimiento de proyectos y preferencias personales, por una sensación crónica de vacío, por relaciones interpersonales intensas e inestables y por una tendencia a adoptar conductas autodestructivas, incluyendo intentos de suicidio y gestos suicidas–.

El TLP sigue siendo un campo muy amplio aún por estudiar, y es un trastorno a menudo utilizado para definir a las personas que no se ajustan a los diagnósticos existentes.

Los expertos definen al *borderline* como una persona más enferma que el neurótico (que experimenta graves conflictos emocionales vinculados a la ansiedad), pero menos enferma que el psicótico (cuyo alejamiento de la realidad imposibilita las funciones normales).

La enfermedad también aparece vinculada a varias comorbilidades: histeria, trastorno bipolar, esquizofrenia, hipocondría, personalidad múltiple, sociopatía, alcoholismo, trastornos de la alimentación y trastornos obsesivo-compulsivos.

La investigación muestra que el noventa por ciento de los pacientes con TLP tienen al menos una comorbilidad.

Este trastorno es visto por la psiquiatría, así como el virus por la medicina, como un término inexacto para una enfermedad no tan común, pero terriblemente abrumadora, muy difícil de curar y cuya exacta explicación del médico al paciente resulta imposible.

En 1980 el TLP se incluyó en el DSM y hoy es uno de los trastornos más preocupantes y estudiados.

Las tendencias autodestructivas son muy comunes en quienes lo sufren, así como los intentos de suicidio, la tendencia a manipular, la compulsión, la falta de límites, el abuso de drogas y otras sustancias nocivas, el sexo promiscuo, las autolesiones y una sensación de vacío crónico, además de una incapacidad para organizar la vida social, profesional y amorosa.

La falta de comprensión de uno mismo (quién soy, qué me gusta, qué quiero hacer) provoca en la persona con TLP una necesidad patológica de estar ligado a los demás de manera simbiótica y dependiente.

El *borderline* es todo o nada, ama u odia. Como si fuera un niño en el cuerpo de un adulto, no puede ver el término medio, no posee equilibrio y alguien a quien considera un amor para toda la vida puede convertirse en un monstruo y ser odiado en cuestión de horas.

Otro rasgo destacado es la ausencia de control de la impulsividad y la imposibilidad de aceptar ser abandonado o criticado.

Ante estas situaciones, estas personas sufren crisis reales de enfado, descontrol, depresión, agresiones corporales contra ellas mismas o contra otros; arrojan objetos, se intentan suicidar...

Para un *borderline*, escuchar algo como «ya no te amo» es el catalizador de un volcán interno que una vez que entra en erupción ya no se puede controlar.

El *borderline* vive en una hemofilia emocional constante y siempre es una montaña rusa, con grandes altibajos, cambios repentinos y rápidos de humor, sentimientos crónicos de vacío y de angustia.

La característica de la autolesión está presente de muchas maneras: estos individuos se pasan la vida autocastigándose o buscando el castigo, y en situaciones de dolor emocional extremo se dejan cicatrices en el cuerpo, con navajas, cuchillas, trozos de cristal... Explican que la sensación de dolor externo, al cortarse, por ejemplo, reemplaza al dolor interno y les proporciona un alivio inmediato.

La autolesión se produce de varias maneras, incluyendo cortes, pero también rasguños leves en los que la piel no se daña demasiado, hechos con anillas de latas de refresco, alfileres, clips para papeles..., y también suelen reabrirse heridas antiguas; del mismo modo, ingieren pastillas para provocarse una sobredosis, se tragan objetos y medicamentos o se meten fragmentos de vidrio en la boca, sin ingerirlos.

La autolesión más grave incluye la asfixia; correr a mucha velocidad con el coche intencionadamente para chocar con otro automóvil; saltar desde un edificio alto; meter la cabeza en el agua (inodoro, lago, piscina); cortarse gravemente con una cuchilla; morderse hasta sangrar, pudiendo causarse lesiones extremadamente graves; quemarse con cigarrillos...

La psicóloga Marsha Linehan, de la Universidad de Washington, una de las principales especialistas mundiales en TLP, habla en estos términos: «Los individuos con trastorno límite de la personalidad son el equivalente psicológico a los pacientes con quemaduras de tercer grado. Están emocionalmente en carne viva, por así decirlo. Incluso el más mínimo roce o movimiento puede crear un inmenso sufrimiento».

EL MUNDO EN BLANCO Y NEGRO DEL TLP

Como ya se ha mencionado, el mundo de las personas con TLP es todo o nada, con héroes o villanos, nunca en equilibrio. Para ellas es muy difícil entender que un mismo individuo puede albergar cualidades y defectos.

Los amores, la familia, los amigos y los terapeutas son idolatrados un día, y al siguiente se convierten en enemigos y son literalmente «borrados» de sus vidas.

Cuando percibe que el «amigo» tiene defectos, el *borderline* automáticamente reestructura su imagen del otro y reacciona de dos maneras posibles: o lo borrará de su existencia y se alejará, o intentará justificarlo culpándose a sí mismo de alguna manera, para que el otro siga formando parte de su vida.

Este tipo de comportamiento, llamado *splitting* ('separación'), es el mecanismo primario de estas personas, en el que está presente la separación de lo positivo y lo negativo, y en el que existe la imposibilidad de entender el término medio en el otro.

Este mecanismo hace que, de manera deliberada o inconsciente, alejen a los demás de su vida, y esto provoca un mayor caos en su personalidad.

RELACIONES TEMPESTUOSAS

Aunque todo el tiempo se sientan solos, abandonados y sean solitarios, los individuos con TLP tienen una personalidad dependiente para poder ubicarse a través de los demás, y buscan constantemente a personas con las que relacionarse y sentirse menos solos.

Se acercan al otro con total confianza, se abren con franqueza, se involucran rápidamente, son personas seductoras, manipuladoras, logran atraer con facilidad, pero son abandonadas fácilmente, porque la implicación emocional con ellas es una verdadera pesadilla para quienes no conocen el trastorno. El otro se siente totalmente asfixiado porque el *borderline* exige atención exclusiva. Si el otro está mirando la televisión, esto puede generar un sentimiento de frustración y falta de atención en la persona con TLP, y entonces se dan los ataques de ira y las explosiones, las exigencias de más cariño, las amenazas de suicidio para no ser abandonados. Vivir con un *borderline* es estar siempre jugando a la ruleta rusa.

Una característica que molesta mucho a la pareja del *borderline* es el cambio repentino de humor y su capacidad para amar un día y odiar al día siguiente.

Beto, treinta y tres años, casado con una *borderline*

Mi esposa piensa que debo vivir siempre pendiente de ella, que ella se merece todo lo mejor y no debe dar nada a cambio, ni siquiera respeto. Tengo que ser fiel, dedicado, proactivo, desinteresado, misericordioso, incansable y decirle que sí a todo, si no... Me quedé en números rojos, tratando de satisfacer a mi esposa, dándole todas las cosas que ella quería.

Le compraba todo lo que me pedía, pero nunca estaba satisfecha. Siempre encontraba algo más y, si no se lo compraba, ponía mala cara y empezaba a hacerme chantaje emocional, a crear de la nada discusiones, a hacerme sentir avergonzado, etcétera. ¡Intentó suicidarse porque no quise comprarle un champú! Me di cuenta de que era un pozo sin fondo. Nunca estaba satisfecha. Si le compraba diez cosas, ella quería once, y si le decía que no a la número once, montaba una pelea... Me cansé de estar siempre en ese estado de bancarrota y de sentirme chantajeado.

Decidí imponer un límite. Las peleas continúan, con el límite o sin él, pero al menos me estoy recuperando económicamente y ya no me siento manipulado. Le digo: «No, solo gastarás equis este mes y ya está, a partir de entonces cero». Se lo digo en un tono sereno, sin ser grosero ni ofensivo. Solo aumento el tono si empieza con el chantaje emocional o si me agrede. Si trata de suicidarse (generalmente es un intento «superficial», solo para llamar la atención o para tratar de revertir la situación), la llevo al hospital. Si se corta, compro los artículos en la farmacia para curarla. Si quiere marcharse a casa de sus padres a hablarles mal de mí, la llevo y la voy a buscar, y mientras tanto aprovecho la oportunidad para salir y hacer algo de lo que disfruto. Y así... Duele, pero es un proceso de aprendizaje por el que tenemos que pasar si queremos liberarnos de la esclavitud que los *borderline* imponen a los que los aman.

Testimonio de una madre

Es difícil... poner límites. Es realmente difícil: una medicina amarga que hay que administrar al *borderline*, y que si es mala para él, peor es para nosotros. Son todos iguales. Piensan que vivimos para darles todo lo que «merecen», pero no pueden dar nada a cambio.

Mi hija podía elogiarme de vez en cuando, pero ya no caía en sus manipulaciones. Se escapó con su nuevo novio. Y no he vuelto a tener noticias de ellos. Y ahora veo claro cuándo intentaba manipularme diciendo que soy una gran madre, que me ama, etc. Luego incluso preparaba la cena. Pero no me engañaba. Fueron años de gastos innecesarios, pagos de deudas que contrajo, falta de compromiso, mentiras, calumnias. Hasta le dijo al médico que yo la golpeaba a diario.

En todos los conflictos siempre es ella la víctima, y si alguien que no la conozca la escucha hablar, puede incluso echarse a llorar.

ETIOLOGÍA

Se sugieren tres tipos de causas para explicar la etiología de la TLP:

1. Desarrollo emocional

Los pacientes con TLP tienen en su pasado una inquietante historia emocional en lo que respecta a la familia: peleas constantes de los padres, maltrato o abuso físico, sexual, verbal o emocional.

Como adultos tienden a repetir estos patrones de comportamiento que presenciaron en la infancia. Esta repetición es inconsciente y permanente, un verdadero ciclo neurótico.

2. Factores constitucionales

Sabemos que el ambiente puede causarnos daños futuros o no: lo vemos en situaciones donde dos hermanos criados en una misma familia desestructurada pueden adquirir comportamientos totalmente diferentes. El individuo que desarrollará el trastorno límite de la personalidad está muy ligado a cuestiones ambientales; son niños hipersensibles con poca capacidad para afrontar la frustración, y reacciones muy dramáticas e intensas.

Es importante investigar a los padres del paciente y analizar su historia, pero aun así es imposible saber si la herencia adquirida por el *borderline* es psicológica o biológica.

3. Factores socioculturales

Si pensamos en nuestra generación, veremos que los avances tecnológicos están en constante crecimiento, y vivimos en una cultura en la que por encima de todo se valoran los bienes materiales y los cuerpos esculturales, y que muchas veces somete a situaciones en las que el individuo se siente presionado para ser el mejor, a través de los medios de comunicación y de las relaciones humanas cada vez más frías y desprovistas de intercambio y de compasión. Estamos en una era un tanto «robótica» y extremadamente narcisista.

Los niños suelen estar alejados de los padres, que necesitan trabajar, y carecen de los ejemplos precisos para una buena estructura emocional futura.

Cabe mencionar a Bauman y su concepto de «sociedad líquida»,[*] en la que reina lo inútil y el ser humano pierde la capacidad de sentir afecto real, con tanta tecnología, ausencia de límites, necesidades materiales, manipulación de los medios...

---

[*] N. de la E.: Según el sociólogo polaco Zigmunt Bauman (1925-2017), "la sociedad moderna líquida es aquella en que las condiciones de actuación de sus miembros cambian antes de que las formas de actuar se consoliden en unos hábitos y en una rutina determinadas". Se trataría, pues, de una sociedad más precaria, una sociedad volátil, que obliga a las personas a la impermanencia. En ella, los individuos, como los líquidos, se adaptan instantáneamente a cualquier contenedor y se evaporan con facilidad. La neurosis surgiría ante el hecho de que el ser humano necesita también de estructura y, si no la encuentra en la sociedad donde vive y en los vínculos con su entorno, muchas veces crea una cognición disfuncional en su interior que entra en conflicto con los elementos externos y objetivos.

PSICODINÁMICA: EL TLP EN EL DIVÁN

El desafío más grande y complejo para un terapeuta es el tratamiento de un paciente con TLP. Estos pacientes pueden provocar sentimientos de frustración en los especialistas, además de someterlos al juego manipulador que establecen, un juego que es natural para el *borderline* pero muy desafiante para los profesionales de la salud.

Es necesario identificar el juego, las mentiras, no entrar en la manipulación, porque una característica típica del *borderline* es desafiar a su terapeuta de diferentes maneras: usando el sarcasmo, compitiendo en intelecto, tratando de demostrar que sabe más o creando situaciones de chantaje emocional. No es raro ver a un paciente *borderline* entrar en la consulta donde tiene cita con su terapeuta, en un momento que no es el acordado, y exigirle una sesión de inmediato.

O, por el contrario, las no comparecencias a las consultas también son constantes, sin previo aviso, a veces como forma de castigo para quien puede ser o héroe o villano.

La transferencia es muy común entre los pacientes con TLP y sus profesionales de la salud, porque cuando se sienten seguros y protegidos, pueden deificar, pero también odiar rápidamente a quienes los cuidan. Por eso es necesario tener mucho cuidado en cuanto a todos los aspectos que intervienen en el trato con estos pacientes.

Marsha Lineah nos dice que cada palabra, cada gesto pueden ser cruciales, y el terapeuta debe estar preparado para los diversos intentos parasuicidas (actitudes suicidas más sutiles, que generalmente no resultan en la muerte) o intentos de suicidio de estos pacientes.

También está la contratransferencia: el propio terapeuta puede sentirse incómodo con tanta cercanía, pero de una manera cariñosa e íntima; entonces percibimos, en varias dinámicas terapéuticas, cómo el terapeuta se abre al paciente *borderline*, fascinado por el encanto que este despliega, destruyendo así el vínculo sano y necesario entre paciente y profesional.

En tales casos es necesario que el profesional remita urgentemente a este paciente a otro especialista, sin olvidar nunca utilizar la empatía y la sinceridad para explicárselo, porque un corte brusco puede resultar fatal para el *borderline*, quien recibirá la noticia como una suerte de veredicto de muerte y necesidad de castigo.

Por cierto, hay que recordar que para finalizar la sesión siempre hay que tener mucho tacto; nunca se debe terminar abruptamente, como ocurre con otros pacientes. Siempre hay que avisar un poco antes: «Mira, nos quedan diez minutos más de sesión». Hay que intentar no provocar cualquier sensación de que se está «cortando» la relación y las sesiones. Nunca debes decir: «Ya está, la sesión ha terminado, nos vemos la semana que viene». Debemos recordar una vez más que la comunicación es fundamental para el tratamiento de las personas con TLP.

La doctora V. nos confía que se siente extremadamente frustrada con su paciente límite: «Cuando creo que hemos progresado, recibo una llamada en la que me explica otro intento de suicidio. Es muy difícil tratar con esta persona. Intenta manipular la terapia todo el tiempo, invirtiendo el enfoque, mintiendo, poniendo a prueba mis conocimientos... Estoy muy cansada».

El gran problema es que el subtexto de un paciente con TLP siempre será el siguiente: «Nunca mejoraré, a menos que usted (el terapeuta) demuestre que se preocupa por mí personalmente y no solo profesionalmente».

ALGUNAS CITAS SOBRE TLP
QUE MERECEN SER DESTACADAS

Milán Kundera

Ella quiere devolver su poesía al pasado; quiere devolverle su cuerpo perdido. Porque, si la frágil estructura de sus recuerdos se derrumba como una carpa mal montada, a Tamina solo le queda el presente, ese punto invisible, esa nada que avanza lentamente hacia la muerte.

El libro de la risa y el olvido

Bion

Existen dos tipos de vínculos que el ser humano puede establecer con una realidad externa viva. El primero es el vínculo articulado que permite, por medio de su flexibilidad, que la condición de estar vivo se sienta y se experimente. El segundo, el vínculo rígido, restringe la experiencia y el pensamiento a fragmentos manejables, pero mecánicos. Muchas veces Bion comparó el modo de acercamiento del bebé al pecho de la madre con la respuesta emocional del paciente a su analista.

Alfredo J. Painceira

Cuando realizamos un análisis estructural de la configuración del yo en pacientes con TLP, notamos que está conformado por múltiples fragmentos que alternativamente toman el control de la persona y de su comportamiento, dándole ese tono de caos e imprevisibilidad que la caracteriza. Las directrices mutantes patológicas de la madre y los afectos e impulsos que entran en juego en cada una de estas repetidas microexperiencias de desajuste (el *trauma acumulativo* de M. Khan), así como las respuestas desesperadas del sujeto incipiente para sobrevivir y hacer predecible el caos, formarán parte de esa estructura.

Análise Estrutural da Patologia Fronteiriça

Kernberg

En el paciente con TLP, por el contrario, encontraremos un falso yo facetado, por así decirlo, formado por múltiples fragmentos autosuficientes, que se ponen en juego independientemente unos de otros, alternando su actualización, de manera que en cada momento dado el foco de la conciencia se centrará en uno de ellos.

Según Painceira, hay que tener en cuenta el falso yo presente en estos cuadros: «si el analista lo pasa por alto, repetirá paso a paso un libreto escrito en la prehistoria del sujeto y cuyo origen este desconoce (aunque sí es consciente de las múltiples reiteraciones posteriores)».

Nahman Armony

A grandes rasgos, se puede decir que durante aproximadamente los primeros cincuenta años del psicoanálisis, el neurótico domina el escenario psicoanalítico y que, desde entonces, los llamados síndromes *borderline* han ido ocupando un lugar creciente en la clínica y en el pensamiento psicoanalítico.

R. R. Grinker habla de cuatro niveles de *borderline*

Grupo 1. El *borderline* psicótico: comportamiento inadecuado y desadaptativo. Deficiente sentido de la identidad y de la realidad. Comportamiento negativo y enojo expresado abiertamente. Depresión.

Grupo 2. El *borderline* nuclear: implicación inestable con los demás. Expresiones de ira abiertas y actuadas. Depresión. Ausencia de indicios de un yo consistente.

Grupo 3. Personalidades «como si»: comportamiento adaptativo y apropiado. Relaciones complementarias.* Poca espontaneidad en respuesta a las situaciones. Defensas: retraimiento e intelectualización.

---

* N. de la E.: Relación simétrica es una en la cual dos personas intercambian el mismo tipo de mensajes (acción, crítica, consejo...), como iguales que son. Mientras que en una relación complementaria los sujetos implicados intercambian diferentes tipos de comportamientos (uno da, el otro recibe, uno es el que enseña, el otro aprende...). Este tipo de relación es el susceptible de generar codependencia.

Grupo 4. El *borderline* neurótico: deprcsión analítica[*]
(similar a la de la infancia). Ansiedad. «Similitud con el carácter narcisista neurótico».

Estas son algunas de las observaciones realizadas
por Painceira sobre el *borderline* que problematizan el
abordaje de este cuadro:

> En los pacientes *borderline*... encontraremos un falso yo
> facetado, por así decirlo, formado por múltiples frag-
> mentos autosuficientes [...] Esta estructura es el resul-
> tado de la introyección masiva del medio patológico
> materno, como una defensa extrema, para evocar la an-
> gustia inimaginable provocada por el colapso derivado de
> la ruptura temprana del vínculo de la madre con su hijo;
> [...] prefieren vivir en un caos generado por ellos que vi-
> vir pasivamente en un caos que los trasciende y que se
> genera desde fuera de ellos mismos. Todo ello dará lugar
> a nuevos y sucesivos desencuentros traumáticos, como,
> por ejemplo, si les recordáramos algo que ellos mismos
> hicieron o dijeron hace unos momentos, o en la sesión
> anterior, y que contradice su queja actual, nos miran sor-
> prendidos como si aquello lo hubiera hecho o dicho otra
> persona y no ellos, viendo a lo sumo este hecho pasado
> como algo externo al momento actual.

---

[*] N. de la E.: Término acuñado por R. Spitz (1946) para designar un cuadro depresivo que se origina en los primeros meses de vida del niño por la separación prolongada de la madre y la consiguiente privación de cuidados emocionales y físicos que ello conlleva.

En parte, esto encaja con la verdad, porque fue «otro» paciente quien se mostró amable con el analista al inicio de la sesión, en relación con este último, que es quien ahora lo ataca sin piedad.

La persecución, la sorpresa, la reacción, la inautenticidad inauguran su precaria existencia, ya que nacen siendo otros y no ellos mismos. La madre es una madre caótica que establece profundos lazos de identificación primaria con su hijo por la influencia de sus propias necesidades y que los interrumpe abruptamente al «dejar a su hijo». Este corte brusco e inesperado genera defensas externas para suturar la herida; sin embargo..., vuelve a conectarse y así destruye lo que el hijo construyó para sobrevivir.

Painceira también llama la atención sobre el hecho de que el analista, al conseguir hacer que ceda el juego de los fragmentos de la «parte psicótica» del paciente y entren en escena los fragmentos de su «parte neurótica», más organizada pero tan falsa como la anterior, puede quedar atascado en una intervención que, en primera instancia, resultaría en evitar que este paciente devolviera su «parte psicótica» a la transferencia.

Dice:

En esos momentos, el alivio inicial es seguido por una tensión creciente en el analista, un fuerte temor a que una interpretación suya haga que se desahogue el paciente y, cuando la psicosis transferencial se desencadene de nuevo, el torbellino borre lo elaborado. Cuando el analista hace de esta actitud una ideología, abandona el campo del análisis para intentar hacer «algo más» que no cura al paciente o que no intenta curarlo, impidiéndole a este acceder a una existencia sana. Su intento puede ser válido y puede ayudar al paciente a organizarse, aunque esto signifique que el analista no crea tener los recursos para ir más allá.

Nahman Armony también explica:

Desde la perspectiva edípica, se hablará del *borderline* como si tuviera un superyó laxo, lábil e influenciable, que corresponde a la descripción freudiana del superyó femenino. Es precisamente este superyó poroso, que se deja penetrar e influir, el que privilegiará al hombre de la posmodernidad, capacitándolo para seguir las rápidas transformaciones de la cultura.

LÍNEAS DE TERAPIA
Freudiana
Sigmund Freud, el padre del psicoanálisis, creía que el método de investigación debería resaltar el significado inconsciente de las palabras, acciones, sueños, fantasías e ilusiones de una persona. Su técnica permite la libre asociación (no siempre indicada para el paciente *borderline*, ya que la libre asociación de ideas no lo conducirá a otras percepciones).

Junguiana

Carl Jung buscó arquetipos en el colectivo y apuntó a reconciliar los diversos estados de personalidad dentro de los individuos.

Lacaniana

La teoría de Jacques Lacan utiliza la asociación libre y las conversaciones en las que el propio analizado descubre sus preguntas.

Gestalt

Todo ejerce influencia en cada ser vivo: la naturaleza, el planeta, el entorno en el que vivimos... Solo se puede entender por las interacciones entre las partes que componen un todo. Nada se puede entender de manera aislada.

Sistémica

No hay una verdad absoluta, correcta o incorrecta, buena o mala. El terapeuta permite que el paciente reconozca su propio patrón de funcionamiento. El análisis se realiza según las reacciones de cada persona ante una situación concreta.

Cognitivo-conductual

El trastorno ya se le diagnostica al paciente al inicio del tratamiento mediante técnicas de relajación y respiración durante la sesión. También se establecen tareas

—relacionadas con el problema— para trabajar durante la semana. Se explican todos los pasos.

TERAPIAS UTILIZADAS PARA EL TRATAMIENTO DEL TLP

Terapia conductual

La terapia individual de apoyo es muy recomendable para el paciente con TLP; en ella se da una solución rápida al «aquí y ahora», sin tener en cuenta su pasado.

Varios especialistas han debatido sobre la eficacia del proceso, argumentando que este tipo de terapia busca prevenir el suicidio en lugar de tratar el problema y enfocarse en él. El enfoque principal de la terapia es hacerle ver cómo los problemas (actuales o no) interfieren en su vida diaria, y ayudarlo a comprender estos problemas y a desarrollar maneras de abordarlos.

Es un tipo de psicoterapia más activo, en el que el terapeuta puede pedirle al paciente que haga —o piense en ellas— ciertas cosas entre sesiones (a modo de «tarea») o sugerir ciertos comportamientos (que son parte de las técnicas de enfoque o cuya eficacia ha quedado demostrada para determinados casos, según la literatura científica).

En estas terapias, el paciente termina por estar menos conectado con el terapeuta, lo que hace que la transferencia sea menor. La terapia tiende a cesar cuando el paciente es capaz de ver metas y objetivos para su vida al tiempo que disminuye su codependencia.

Esta terapia fue utilizada por el doctor Ralph Greenson para tratar a Marilyn Monroe. Greenson reconoció que la terapia clásica no satisfaría las necesidades de la paciente. En su caso, sintió que era necesario experimentar nuevas y buenas situaciones en la vida para disolver los fantasmas de un pasado cruel.

Terapia de grupo

Tiene mucho sentido pensar en este tipo de terapia para pacientes con TLP, porque el grupo permitirá que el paciente diluya sus emociones y no necesite desahogarse frente a solo una persona; eso le proporciona alivio y reducción del estrés.

Enfrentarse a otro paciente del grupo puede tolerarse mejor que estar solo ante el terapeuta, y el paciente termina aceptando más fácilmente las demostraciones de altruismo, afecto, preocupación...

Además, el espejo es fundamental, porque cuando un paciente del grupo es capaz de mejorar, se estimula la esperanza en los demás miembros; sienten que ellos también pueden conseguirlo y constatan que no son los únicos en el mundo que padecen el trastorno: viven con otras personas que sufren, y esta percepción puede aportarles un mayor sentido de la confianza y de la autoestima. Sin embargo, las relaciones entre los pacientes de un mismo grupo pueden ser muy peligrosas, porque puede ocurrir que el foco central de la terapia se disuelva y una vez más surja la necesidad de atraer a alguien para sentirse momentáneamente bien.

Virginia, de veintinueve años de edad, confiesa que ha tenido más éxito en la terapia de grupo:

> Me sentía incómoda ante la presencia del terapeuta. Creo que desde que mi padre abusó de mí, la sensación de estar a solas con un hombre mayor me asustaba un poco, pero no podía entenderlo del todo. Con el grupo y la ayuda de los demás pacientes, me di cuenta de que el foco de mi enfado no era el terapeuta sino mis recuerdos del pasado. La experiencia grupal es maravillosa, hay intercambio, y eso nos impulsa.

Terapia familiar

Esta terapia suele darse cuando el paciente está hospitalizado; la presencia de la familia es fundamental para comprender diversas lagunas en el pronóstico del paciente *borderline*.

Por lo general, los padres se sienten muy culpables y les preocupa ser los responsables de la enfermedad de sus hijos. Frente a la terapia, el sentimiento subyacente en ellos vendría a ser algo así como: «Trátelo, haga que se sienta bien, haga lo que quiera, pero no haga que nos culpe a nosotros, y, por favor, no intente cambiarnos».

Cynthia, de veintiséis años de edad, ingresada tras un nuevo intento de suicidio

Su historial es de abuso sexual a los ocho años de edad cometido por un vecino de la familia, que en ese momento tenía dieciséis. Después de los abusos la obligó a beber su orina y le produjo cortes.

En terapia familiar, por primera vez, consiguió enfrentarse a sus padres y explicarles lo humillada que se sintió en el momento del abuso y por no recibir su apoyo.

Al principio pensé que me iba a resultar imposible recordar todo aquello y decirles que fue humillante, pero pude expresarme y me quité un gran peso de encima, que arrastraba desde hacía siglos. Les dije lo mucho que me lastimaron por ser negligentes, que no podían fingir que todo estaba bien y que yo sabía perfectamente que se avergonzaban de mí. Para mi sorpresa, después de un buen rato de estar a la defensiva, rompieron a llorar y lograron demostrarme su amor. Por primera vez pude escuchar un «te quiero» de boca de mi madre y de mi padre.

COMPARACIÓN CON OTRAS ENFERMEDADES

El trastorno límite de la personalidad enmascara otras enfermedades, por lo que el diagnóstico se vuelve muy complicado. Generalmente, tras diagnosticársele otros trastornos, el paciente termina pasando mucho tiempo en la clínica sin una diagnosis correcta.

El TLP puede estar ligado a varias condiciones patológicas, pero solo una de ellas será diagnosticada —por ejemplo, un trastorno bipolar, una esquizofrenia o una anorexia nerviosa—, y esto retrasará las posibilidades de un correcto tratamiento. Si pensamos que el paciente *borderline* tiene prácticamente todas las características de la condición asociadas con otros trastornos, podemos comprender la dificultad real de un diagnóstico preciso.

Estas son las principales diferencias entre otras patologías y el TLP:

Comparación con la esquizofrenia

Los pacientes esquizofrénicos son mucho menos capaces de manipular a las personas que los pacientes con TLP y, en general, están mucho más aislados e inhibidos. Además, los esquizofrénicos pueden experimentar alucinaciones graves. La similitud proviene de la necesidad de autodestruirse y autolesionarse.

Comparación con enfermedades afectivas (bipolaridad, manía y depresión)

Los pacientes maníaco-depresivos, al igual que los pacientes con TLP, sufren cambios de humor, fluctuaciones que van de la manía a la depresión, pero en el caso de los bipolares, un medicamento adecuado les facilita la calidad de vida necesaria para su día a día y el pronóstico es muy satisfactorio. Por el contrario, el paciente *borderline* no tiene una sola medicación y, por tanto, no se adapta internamente como lo hace el bipolar; sentirá un vacío constante, incluso cuando no esté sufriendo cambios de humor.

Una diferencia muy importante es la fluctuación del paciente *borderline*, que es mucho más rápida que la fluctuación del paciente bipolar. El primero puede estar contento y en cinco minutos ponerse agresivo y depresivo, mientras que el segundo pasará más tiempo inmerso en los períodos depresivos y en los maníacos. Se debe tener cuidado con el diagnóstico, ya que muchos pacientes *borderline* son tratados como bipolares por tener esos cambios de humor.

Comparación con la hipocondría

Los pacientes *borderline* a menudo se quejan incansablemente de estar enfermos y de necesitar medicamentos y ayuda familiar y médica.

La gran y esencial diferencia es que el hipocondríaco también hace lo mismo, pero realmente cree que está enfermo, mientras que el *borderline* lo hace para conseguir la atención que busca y la sensación de que lo están cuidando.

Comparación con la personalidad múltiple

Algunos psiquiatras consideran que el trastorno de personalidad múltiple es un tipo de trastorno resultante de la TLP. Veamos las similitudes de ambos trastornos: impulsividad, ira excesiva, relaciones destructivas, cambios de humor y propensión a autolesionarse. Varios estudios constatan la prevalencia del TLP en pacientes con personalidad múltiple en una escala del ochenta y dos por ciento.

Comparación con el estrés postraumático

El estrés postraumático cubre una variedad de síntomas, pero siempre es precedido por eventos traumáticos. Se caracteriza por un miedo intenso y persistente, una sensación de revivir el evento —ya sea en los sueños o en la vida cotidiana—, pesadillas constantes e irritabilidad.

El TLP se encontró en la mitad de los pacientes con estrés postraumático, según varios estudios e investigaciones.

Comparación con otros trastornos de la personalidad

Podemos ver características extremadamente similares entre el TLP y otras personalidades problemáticas.

La personalidad dependiente se asemeja al TLP en la necesidad constante del otro para la autoafirmación y en que la persona sola es incapaz de reconocerse a sí misma como un individuo. Sin embargo, la personalidad dependiente no tiene la tendencia a la autodestrucción del *borderline* y nunca tendrá los momentos solitarios (intencionados) que el paciente *borderline* suele buscar.

Las personalidades que a menudo se comparan y se parecen al TLP son las antisociales, las narcisistas y las histriónicas.

Tanto el narcisista como el *borderline* mostrarán una hipersensibilidad similar ante las críticas hechas por otros, y los rechazos pueden conducir a condiciones depresivas graves. Ambos exigen una atención extrema del otro. No obstante, el narcisista muestra falta de empatía y de sentido de culpabilidad, características que, por el contrario, sí se dan en el *borderline*. El acercamiento del *borderline* al otro se realiza de una manera mucho más sensible.

La personalidad antisocial, como la *borderline*, presenta impulsividad, poca tolerancia a las frustraciones y manipulación en las relaciones. La diferencia es la ausencia de culpa que siente el antisocial y el exceso de culpa que siente el *borderline*. La personalidad histriónica, como la del *borderline*, tiende a llamar la atención de los demás como una necesidad intrínseca, y esto siempre se hace de manera dramática y teatral. Una diferencia importante es la apariencia del histriónico, que siempre será extremadamente cuidada.

Comparación con los trastornos alimentarios

El TLP y el abuso de drogas siempre van de la mano: el uso excesivo de alcohol y drogas forma parte de la característica autodestructiva del *borderline*. Igual que la autolesión, la ira, la ausencia de límites y la necesidad de llenar el vacío y la soledad.

Anorexia nerviosa y bulimia: los trastornos alimentarios están marcados por la desaprobación de la propia identidad. El mundo de quienes padecen anorexia o bulimia está obsesiva y exclusivamente enfocado en dos extremos: obeso (como se ve en el espejo) o delgado (como desearía ser y como cree que nunca será). Cuando se sienta fuera de control, se provocará vómitos y experimentará episodios de *binding* ('comer en exceso'). Varios estudios indican que el cincuenta por ciento de estos pacientes padecen TLP, pero algunos estudiosos señalan que el porcentaje puede ser mucho mayor.

Comparación con la compulsividad

Las personas compulsivas buscan llenar sus vacíos con el juego, las compras, el sexo promiscuo, el consumo de drogas, el robo, los amores patológicos...

Pero cuando cualquier deseo es impulsado por una compulsión, necesariamente implica un imperativo exagerado de sentir o una necesidad de autolesionarse. Una mujer *borderline* puede volverse compulsiva a la hora de cuidar su cuerpo para atraer a los hombres con el fin de obtener minutos de sexo y afecto, y estas relaciones suelen estar llenas de experiencias sadomasoquistas.

OTROS CUADROS	TRASTORNO LÍMITE DE LA PERSONALIDAD
Esquizofrenia	Diferencias: crisis más rápidas sin secuelas agudas. No presenta delirios.
Enfermedades afectivas bipolares	Diferencias: cambios repentinos de humor más rápidos. Mayor dificultad para adaptarse a la realidad entre crisis y crisis.

OTROS CUADROS	TRASTORNO LÍMITE DE LA PERSONALIDAD
Trastornos narcisistas	Similitudes: hipersensibilidad a la crítica. Los fallos simples provocan una depresión grave. Diferencias: el paciente es menos exitoso y disciplinado. Destruye los lazos afectivos y profesionales. Es más vulnerable a la opinión de los demás.
Parasuicidas	Muy similares: descontrol emocional. Irritabilidad, hostilidad, problemas relacionales, abuso de drogas, promiscuidad sexual, rigidez cognitiva, pensamiento dicotómico, poca capacidad de abstracción y de resolución de problemas.

La mayor diferencia entre el TLP y otros trastornos de la personalidad es la presencia de actos autodestructivos o intentos de suicidio. Aproximadamente entre el setenta y el setenta y cinco por ciento de los pacientes ha pasado al menos por un intento de suicidio, de los cuales el nueve por ciento son fatales.

EXPLICACIÓN DE LOS CRITERIOS DEL TLP

1. Esfuerzos frenéticos para evitar un abandono real o imaginario. Como un niño que no distingue entre la ausencia temporal de la madre y su muerte o desaparición, el *borderline* experimenta cualquier eventual soledad como un aislamiento completo y eterno. No soporta la soledad y está gravemente deprimido por el abandono real o imaginario, ya que pierde la sensación de existir. Su lema existencial parece ser: «¡Si otros interactúan conmigo, entonces existo!».

2. Un patrón de relaciones interpersonales inestables e intensas, caracterizado por la alternancia entre extremos de idealización y de devaluación (el paciente piensa dicotómica y radicalmente. No

comprende el término medio, las inconsistencias y las ambigüedades. Idealiza y se decepciona todo el tiempo).

Las relaciones del *borderline* siempre están impulsadas por la inestabilidad emocional, la intolerancia a la separación y el miedo a la intimidad.

El *borderline* es demasiado dependiente del otro, con pensamientos de idealización que pronto son reemplazados por rabia e ira, en el momento en que la fantasía que crea sobre el otro se destruye.

Son personas que viven una situación muy complicada, pues necesitan desesperadamente ser cuidadas por el otro y una atención total, y al mismo tiempo sienten el pavor a la intimidad real. Esa lucha entre querer recibir atención extrema —y nunca conseguir sentir de hecho el cariño del otro— y la necesidad de ahuyentar a quien realmente se preocupa de él y lo ama, hace que las emociones del *borderline* sean volcanes en erupción, y eso provoca que atraiga o descarte a la gente fácilmente. La manipulación es constante, y la necesidad de ser el centro de atención las veinticuatro horas del día hace que la pareja se canse con facilidad y en general se retraiga.

Tomás me cuenta que cuando salió con una *borderline* (Kelly) estuvo a punto de caer en una depresión profunda porque trataba de satisfacer todos sus deseos y anhelos:

Mira, lo hice todo para complacerla, pero nunca era suficiente. Si compraba un ramo de rosas me pegaba por no comprarle dos, si estaba cansada por el trabajo tenía verdaderas rabietas y me decía que no estaba prestándole la atención debida. En caso de que yo tuviera que viajar por negocios, debía regresar a casa a toda prisa tras recibir un mensaje de Kelly en el que me decía que había intentado suicidarse... Era como estar siempre en el fondo de un pozo, no había manera de tratar con ella, y cuando me di cuenta de que estaba hundiéndonos a los dos, me fui.

Y Jessica confiesa:

La aproximación a personas complicadas es típica del *borderline*, nuestro radar para este tipo de personas es infalible; queremos la autodestrucción, por eso el hombre sano no nos provoca ningún deseo. He tenido relaciones con personas casadas, traficantes de drogas, sociópatas, pero nunca he podido ceder ante el «buen chico». ¿Qué placer podemos obtener de alguien tan normal?

3. Alteración de la identidad: autoimagen o sentido de sí mismo acusada y persistentemente inestable.

4. Impulsividad en al menos dos áreas potencialmente dañinas para la persona misma (por ejemplo, gastos económicos, sexo, abuso de sustancias, conducción imprudente, comer en exceso...).

Los sentimientos de soledad y rechazo llevan al *borderline* a compulsiones de distinto tipo. Varios pacientes afirman que «hoy es ahora» y «no hay pasado ni futuro, solo ahora». Pensando en esta afirmación, podemos imaginar su falta de serenidad para afrontar plazos y metas. Los años de estudio o de trabajo parecen interminables y generalmente se descartan.

La impulsividad puede aparecer como una forma de defensa frente a la frustración, como una separación matrimonial, que lleva al *borderline* a verdaderos ataques de furia y luchas físicas, que pueden lastimar al otro o hacer que se lastime a sí mismo. Otro factor asociado a la compulsión es la rápida fluctuación del estado de ánimo y la ausencia de límites para estas personas.

Carol, de veintitrés años de edad, es estudiante de Medicina:

Cuando mi exnovio se fue, comencé a beber y a tomar antidepresivos que le quitaba a mi madre, además de perder el control en relación con el sexo. Todo era posible, no había límites para aliviar la sensación de abandono que sentía. Hubo un tiempo en el que tenía sexo hasta con cinco hombres al día. Los encontraba en la calle, en Internet, en bares, no podía parar. Mientras estaba con ellos, una cierta sensación de poder contrarrestaba el vacío que sentía, y luego la resaca moral me traía la culpa y me sentía sucia, pero aun así no podía parar. Al día siguiente estaba allí, bebiendo, drogándome y manteniendo sexo con extraños. La compulsión es parte de nuestra vida diaria.

Como Carol, también muchas personas con TLP no tienen límites para beber, consumir drogas, apostar, gastar compulsivamente hasta vaciar la tarjeta o tener relaciones sexuales de manera promiscua e irresponsable.

5. Comportamientos, intentos o amenazas suicidas recurrentes, o comportamiento de autolesión. Es sumamente importante describir el suicidio del *borderline*: el acto de intentar quitarse la vida surge de la necesidad de ser rescatado y cuidado por otras personas; de nuevo percibimos la necesidad de una atención exagerada que estos pacientes buscan incansablemente. Por regla general estos intentos son calculados; los *borderline* tienen conciencia de que sobrevivirán y chantajean emocionalmente a las personas más cercanas a ellos: requieren más atención, o volverán a intentarlo. Resulta que los amigos, novios y familiares acaban cansándose después de tantas manipulaciones y muchas veces ya no reaccionan ante el chantaje de un posible suicidio. Y ese chantaje de «me voy a suicidar» puede acabar en muerte. La incidencia de intentos de

suicidio tiende a disminuir con cada nuevo intento. Se produce una regresión de intentos, factor positivo en el tratamiento.

Como en su interior sienten un dolor extremadamente fuerte, se autolesionan para aliviar ese dolor sustituyéndolo por un dolor igualmente intenso pero externo, y como consecuencia su cuerpo se convierte en un mapa de cicatrices y lesiones. Se hacen cortes en los brazos, las piernas, el vientre, el pecho..., y para tal castigo utilizan trozos de vidrio, navajas e incluso cuchillas.

Vivian, de treinta y dos años, me muestra su brazo y me quedo impresionada por tantas marcas, no hay más espacio para cortar, su cuerpo está tatuado de dolor y cicatrices:

Cuando me corto siento un placer inexplicable, es casi un orgasmo, te lo juro, a veces incluso mejor que un buen polvo. Me clavo el cuchillo en la piel y siento cómo se abre; la sensación de dolor es real, hace que me sienta viva, me saca del estado de apatía y sufrimiento, me quita el dolor interno por unos instantes. Es como si la sangre caliente lamiera mis heridas, mi vida, y la posibilidad de sentir.

Daniel, de veintisiete años, es un chico que usa el peligro como medio de supervivencia:

Realmente nunca he intentado suicidarme, ni siquiera me corto, pero mi manera de sentirme vivo es a través de mi automóvil, corro a más de ciento veinte por hora por las carreteras. Ya he volcado dos veces, y lamentablemente continúo aquí. La sensación de libertad es increíble, sé que puedo morir en cualquier momento, en cualquier curva de la carretera, pero quizá eso es lo que estoy buscando.

Los expertos dicen que después de estos episodios autodestructivos, se liberan endorfinas y la persona tiene una sensación placentera y anestésica, un alivio inmediato que trae al cuerpo la necesidad de sentir cada vez más.

6. Inestabilidad afectiva debida a una marcada reactividad del estado de ánimo (por ejemplo, episodios de disforia intensa, irritabilidad o ansiedad que suelen durar unas pocas horas y, en raras ocasiones, más de unos pocos días).
El *borderline* fluctúa en sus emociones y sentimientos muy rápidamente (generalmente en horas) pero la mayoría de las veces se mostrará irritable, hiperactivo y pesimista, o bien, cínico y depresivo. Ana, de veintinueve años de edad, secretaria, cuenta vehementemente:

El otro día estaba con una amiga en un bar, riendo y hablando, todo normal, natural, hasta que un chico con el que estaba coqueteando se nos acercó y deliberadamente para irritarme comenzó a elogiar a mi amiga. Eso me hizo cambiar de humor al instante, el odio se apoderó de mí y quise saltar sobre él por joderme el día. ¡Con lo bien que me sentía hasta ese momento! Terminé la noche en el baño, llorando, y hasta le di una patada a la puerta. Ya sabes, mi día a día es así. Factores externos que para otras personas pueden no significar nada a mí me llegan como tormentas. Si me doy cuenta de que no estoy siendo el centro de atención, me siento humillada. Si alguien critica mi cabello o mi cuerpo, tengo reacciones impulsivas de rabia. No soporto ninguna crítica, mis emociones dependen de lo que los demás piensen y digan de mí, soy una esclava.

7. Sensación crónica de vacío o de aburrimiento. La ausencia de un fuerte sentido de la identidad culmina en una sensación de vacío existencial. Este sentimiento es tan doloroso que provoca un comportamiento impulsivo y autodestructivo en un intento de deshacerse de él.

8. Ira inadecuada e intensa o dificultad para controlar la ira (por ejemplo, muestras frecuentes de mal genio, enfado constante, peleas físicas recurrentes).

9. Ideación paranoide transitoria relacionada con situaciones estresantes o síntomas disociativos importantes. En situaciones de alta tensión, se pueden presentar disociaciones temporales, pensamiento confuso y delirante, con interpretación paranoica de los hechos.

COMUNICARSE CON LAS PERSONAS CON TLP

La comunicación con las personas *borderline* es sumamente difícil, como ya hemos visto. Sufren arrebatos repentinos de enfado e impulsividad, y siempre existe la duda de cómo expresarnos para que no reaccionen de manera inesperada o nos malinterpreten.

Describiré una estructura eficiente (*set system*) que puede ser adoptada por amigos, familiares y terapeutas.

Desarrollado en el Saint John's Medical Center, en Saint Louis, este método está indicado para personas con TLP en crisis.

Empatía

«Estoy muy preocupado por ti». En esta frase podemos ver que el interlocutor se muestra como una persona preocupada por el otro, de manera diferente a si dijera lo siguiente: «Lo siento mucho por ti».

Hay que tener en cuenta que el centro de la conversación debe ser el problema del *borderline* en cuestión y no un juicio mediante el cual quien intenta comunicarse termina molestando mucho más. Esto es solo un ejemplo de lo que llamamos empatía, esa capacidad de comprender y tratar al otro, de poder involucrarse de la manera correcta, de saber cómo lidiar con él, de entender que una frase puede causarle alivio o provocarle una verdadera tormenta.

Otro ejemplo de lo que nunca debería decirse es: «Sé exactamente lo que estás sintiendo». La sensación que tendrá el *borderline* al oír esta frase es que el otro no sabe (de hecho) lo que siente, y puede generar una crisis o agravar una situación.

El foco de la comunicación debe, por tanto, estar siempre en el *borderline*, haciéndole entender que existe una preocupación real, pero nunca comparándose con él, solo entendiendo y expresando un interés real por ayudar.

Veracidad

Mostrar al *borderline* que él es responsable de su vida y de la vida de otras personas es esencial, pero hay formas de transmitir esa verdad y no causar irritación. Algunos ejemplos: «Bueno, ¿qué vas a hacer con esta situación?» o «Has hecho esto... y las consecuencias son estas». Pero tales declaraciones deben decirse sin ningún tono de sarcasmo o intento de culpar a la persona con TLP, como por ejemplo: «¡Nos has metido en un lío horrible!» o «Has hecho lo que has hecho, ahora atente a las consecuencias».

La verdad, la empatía y la realidad deben estar contenidas en estos diálogos; de lo contrario, el *borderline* seguramente te acusará de ser sarcástico, negligente o de no estar realmente interesado, y la comunicación no tendrá ningún valor.

EJEMPLOS DE CASOS

1. Márcia y Tom

Márcia le dice a su esposo, Tom, que intentará suicidarse, pero le prohíbe que trate de buscarle ayuda.

En esta situación, Tom se enfrentará a dos informaciones simultáneas: «Si realmente te preocupas por mí, no buscarás ayuda, porque debes confiar en mi autonomía y mi decisión». Y el mensaje opuesto será: «¡Por el amor de Dios, si realmente te preocupas por mí, haz algo!». Si Tom intenta explicarle a Márcia por qué no debería suicidarse y le da varias razones, ella seguramente reaccionará diciendo que él realmente no comprende su sufrimiento. Por otro lado, si él llama a la policía o a un médico, Márcia recibirá la información de que no se puede confiar en él. Pone a su marido en este dilema porque no puede tomar decisiones por sí misma, por lo que necesita la presencia de alguien que le resuelva los problemas.

Independientemente de cómo reaccione, Tom será criticado, pues ya es parte de ese «juego» en el que Márcia lo ha metido; una situación de la que no puede escapar y en la que es imposible razonar.

¿Qué debería hacer Tom? En primer lugar, debe confirmar su compromiso con Márcia y su sincero deseo de ayudarla: «Estoy muy preocupado por lo mal que te sientes y me gustaría ayudarte porque te quiero». Hay que señalar que, con esta declaración, Tom muestra empatía y la expresa de manera sincera, clara y objetiva.

Si se da cuenta de dónde viene su desesperación, puede sugerirle salidas y alternativas: «Quiero que sepas que estoy de tu lado, si deseas dejar tu trabajo».

El factor de comprensión del dolor de Márcia es fundamental en este diálogo: «La presión y el estrés que has vivido todo este tiempo deben de haberte llevado al límite, hasta el punto en que sientes que no puedes más». Tom debe usar la empatía y la veracidad para sortear esta situación: «Sé cómo te sientes, pero quiero que sepas que hay razones para que no te mates y que aunque me pidas que te deje en paz, yo me voy a seguir sintiendo responsable de ti. ¿Cómo no hacerlo con lo mucho que me importas?».

Y, finalmente, debe pedirle a Márcia que considere la hospitalización, pero de manera que se dé cuenta de que eso será con el propósito de evitar que se suicide, para que mejore, y no porque quiera deshacerse de ella.

La comunicación correcta puede salvar una vida. Debemos recordar que el *borderline* no recibirá nuestro mensaje como lo haría otra persona: necesita estar seguro de que existe una preocupación real, de que hay cariño y de que nosotros no estamos amenazándolo sino ayudándolo.

Las afirmaciones que provocan enfrentamientos y en las que hay amenazas pueden resultar en un empeoramiento de la crisis, y entonces el intento de suicidio ciertamente será tomado en serio.

Las familias desestructuradas terminan empeorando la situación por una mala comunicación que resulta en un desastre para el *borderline*, quien entenderá lo que oye como insultos, críticas, y se sentirá enojado y desesperado; esto le provocará la impulsividad que lo llevará a las drogas, al sexo promiscuo, a la autolesión y a otras actitudes desmedidas de las que ya hemos hablado.

2. Ângelo y sus amigos

Ângelo, de cincuenta y siete años de edad, vivía con Maria, su esposa. Maria percibía los altibajos de Ângelo, pero en lugar de tratar de ayudarlo, reaccionaba humillándolo en todas las áreas de su vida. Lo acusaba de no tener un buen trabajo, de ser un mal amante en la cama, de tener cambios de humor todo el tiempo.

Ângelo se enfadaba y, como cualquier *borderline*, después de sentir rabia se sentía aún más enojado por haber sentido rabia y caía en la depresión. La culpa después de la ira es muy común, y la depresión es el resultado final.

Los amigos de Ângelo trataban de consolarlo, diciéndole que no tenía motivos para estar mal, lo que hacía que se sintiera peor, al interpretar que no comprendían realmente su dolor; la ira solo aumentaba y la culpa por sentir lo que sentía crecía de nuevo, lo que lo sumía en un estado cada vez peor.

¿Qué debían hacer los amigos? Desde la empatía y la veracidad, podían explicarle que él no era una víctima, sino que simplemente se estaba resignando.

Era necesario que le hicieran llegar el mensaje de que su esposa lo estaba maltratando verbal y emocionalmente, y él no estaba haciendo nada para cambiar la situación. Así, se daría cuenta de su papel en el hecho de dejar que los demás abusaran de él y podría comprender cómo había llegado a tanto sufrimiento.

En el momento en que Ângelo aceptara que su enojo era real, no necesitaría sentir rabia y culpa por estar enojado, sabría de dónde viene y trabajaría en la terapia para que sus reacciones frente a estímulos negativos e incómodos se fueran suavizando poco a poco.

De esta manera, podría cambiar y seguir adelante, mejorando algunos aspectos de su vida.

Hay que señalar que Ângelo, como otros *borderlines*, tiene tendencia a establecer relaciones de pareja en las que acaban imponiéndose los juegos, el sadismo, la desafección y la victimización.

3. Carla

Carla, una mujer de veintiocho años de edad, se acercó a mí con la siguiente afirmación: «Creo que amo demasiado y ese es mi problema».

Durante nuestras sesiones de terapia, me reveló los diversos amores que había tenido, entre ellos varios hombres casados, un adicto a las drogas y al alcohol, y el último romance frustrado, un hombre que la golpeaba a diario.

Yo ya conocía su diagnóstico de *borderline* y por eso tenía sentido escuchar tantas simbiosis y sufrimientos con personas desestructuradas. Pero era necesario hacerla entender correctamente por qué actuaba de esa manera.

Se quejaba de todos ellos diciendo que, por alguna razón, atraía a hombres insensibles, pero no podía dejarlos, el amor era demasiado fuerte y terminaban demostrando ser unos monstruos.

Mi discurso durante las sesiones con Carla siguió un ritual de confirmación y afirmación de que lo que ella llamaba «amar demasiado» en realidad era no saber amar, sobre todo no saberse amar a sí misma. Le dije que llenaba agujeros y dolor con falso amor, y sin presionarla le mostré su parte de responsabilidad en todo ese proceso: «Entiendo lo difícil que es estar con un hombre que te pega, pero me siento aliviada porque has logrado salir de eso. Después de todo, ¿qué clase de amor es ese que provoca dolor? Entiendo tu dolor, pero debes darte cuenta de que eres responsable de él y no una víctima; buscaste ese perfil a propósito para autocastigarte».

Sin generar estrés ni malestar, utilicé la empatía y la veracidad para decirle que debería ser responsable de sí misma y acabar con aquellas relaciones poco saludables.

Carla entendió el proceso de repetición de patrones y hoy es mucho más probable que encuentre a una persona que realmente la ame y que incluso la ayude en su doloroso proceso.

EMISOR - EMPATÍA Y VERACIDAD - RECEPTOR

RECONOCER EL TLP EN AMIGOS Y CONOCIDOS

A menudo es muy difícil reconocer a alguien con trastorno límite de la personalidad, a pesar del volcán que tiene en su interior. Esto se debe a que los *borderlines* pueden parecer totalmente normales, y funcionales en el entorno laboral, sin parecer exagerados y sin mostrar ninguna patología aparente. Sin embargo, sucede lo inesperado y podemos ver que esa persona que pensábamos que era normal tiene un ataque de ira insospechado y repentino, o ha intentado suicidarse, cuando la noche anterior nos habíamos reído con ella.

Los *borderlines* suelen ser individuos muy misteriosos y complejos, y, debido a las crisis repentinas, a menudo el foco principal del problema se deja de lado y la persona es vista como maníaca, depresiva o ambas cosas.

Tras un intento de suicidio, a muchos *borderlines* se les diagnostica depresión, y el tratamiento se basa en antidepresivos y psicoterapia. Sin embargo, si la depresión no cesa, y si persiste con otros síntomas, eso ya es una gran advertencia de que mantengamos los ojos abiertos y tratemos de informarnos más.

En la mayoría de los casos, tras varios diagnósticos erróneos, llega la frustración por parte del paciente, y también por parte del médico, que no consigue comprender un nuevo intento de suicidio o la falta de control sobre su paciente.

Nina

Una hermosa joven de veintitrés años fue tratada como alcohólica. Ingresada en una clínica de rehabilitación, respondió absolutamente bien al tratamiento. Dejó de beber, pero después inició otro proceso de autolesión: empezó a padecer anorexia. Se le recomendó un tratamiento específico para el trastorno alimentario, con el que, de nuevo, se recuperó fácilmente. Sin embargo, dos semanas después de ser dada de alta, Nina iba conduciendo su coche cuando tuvo un ataque de pánico, el primero de varios que la dejaron totalmente aturdida, sin poder salir de casa (agorafobia). Junto con los ataques de pánico, se apoderó de ella una terrible depresión.

La enviaron a una clínica especializada en el tratamiento del pánico y fue solo entonces cuando hubo una sospecha de pronóstico *borderline*. Una vez que se descubrió el diagnóstico correcto, se incorporó a un grupo de tratamiento específico para *borderlines*, y su mejoría fue extremadamente notable: hubo progresos positivos en el cuadro general de fobias, pánico, depresión, consumo compulsivo de drogas y alcohol.

En el caso de Nina, puede verse lo complejo que es el TLP y la facilidad con que se trata como una patología más, lo que agrava el problema.

Es importante enfatizar que el TLP es una enfermedad muy grave y no una característica de una persona malcriada que quiere llamar la atención. Pero eso no significa que el *borderline* no deba responsabilizarse de sus errores y su falta de límites: debe comprender el problema y ser capaz de frenar el descontrol y los impulsos trabajando con su terapeuta.

Cualquier persona que viva con alguien con TLP debe estar preparada para cambios repentinos de humor y altibajos, y ha de evitar caer en sus manipulaciones, juegos psicológicos o chantajes emocionales (comportamiento típico del paciente con TLP).

Por lo general, quien vive con un *borderline* acaba sufriendo estrés o incluso una depresión grave, tal es la dificultad de esta convivencia. Puede ser y es sumamente agotador, frustrante y aterrador vivir con estos individuos, porque nunca sabemos qué harán y cuándo cambiarán de actitud, por lo que es necesario que la familia y otras personas cercanas estén informadas sobre la enfermedad y preparadas al máximo para la montaña rusa en que se convierte la relación; y, si es necesario, se aconseja participar de la terapia con el paciente.

CAMBIOS DE HUMOR

Los cambios de humor son repentinos y rápidos y asustan a cualquiera que esté cerca del *borderline*.

Greta

Me cuenta que sus fluctuaciones eran tan grandes que en un solo día se sentía eufórica y extremadamente animada varias veces, estados que se intercalaban con momentos de angustia sofocante:

> Hubo un día en que me di miedo a mí misma. Estaba bien, estaba haciendo planes con un novio, nos reíamos, hablábamos sin parar y de repente me sentí extraña, perdí las fuerzas, sentí una tristeza mayor de la que podía haber imaginado y me puse a llorar compulsivamente, sin poder explicarle lo que me estaba pasando.

Beto

Le entraba pánico cada vez que su esposa, Vera, cambiaba de repente de estado de ánimo radicalmente:

Ella estaba allí bailando y riendo, abrazando a los amigos, saltando de alegría, como si fuera una niña emocionada, y un minuto después la veías con la cabeza apoyada en la mesa, llorando y diciendo que se quería ir a casa, que nada tenía sentido, que se quería morir.

Impulsividad

Cuando los actos de impulsividad están relacionados con la autolesión, los familiares y conocidos se sienten totalmente desprevenidos y sorprendidos.

Esta impulsividad proviene de cualquier factor externo que pueda provocar estrés y desesperación, haciendo que la persona se arroje sin límites al alcohol, las drogas, el sexo promiscuo, la conducción peligrosa o las compras compulsivas.

Virginia

Tiene cincuenta y cinco años de edad, y me cuenta que su impulsividad llegó al punto en que necesitaba practicar sexo diez veces al día:

En ese momento yo tenía treinta años y ya me habían diagnosticado un trastorno bipolar. Mi necesidad de sexo y todo lo que estaba prohibido crecía cada día. Llegué a tener sexo con ocho hombres al mismo tiempo, y les pedí que no utilizaran protección, tal era mi necesidad de control y autodestrucción, tal mi falta de límites para conmigo misma y para con los demás. Fue bueno que no me hicieran caso. Necesitaba practicar sexo para eliminar la desesperación que sentía y me asfixiaba tanto, y con ello llegaron las drogas, el alcohol y las compras compulsivas con la tarjeta de mi exmarido. Despertarme en un psiquiátrico ya era una rutina para mí y creo que solo decidí tratarme cuando, estando borracha, atropellé a un niño de ocho años y estuve a punto de matarlo.

EL TRAUMA DE LA
SEPARACIÓN

La separación de los padres, especialmente en los primeros años de la vida de un niño, es muy común en la biografía de un *borderline*.

Incluso si esta separación parece insignificante, puede tener efectos cruciales y profundos.

Por ejemplo, una madre que sufre depresión posparto y desaparece de casa dejando al niño con un extraño durante unos meses o años y luego regresa como si nada hubiera pasado puede dar lugar a un futuro adulto *borderline*. Cabe mencionar que aquí hablamos de un ambiente desestructurado; si imaginamos que esta misma madre está ausente y deja a su hijo con un padre superdedicado, el niño no sufrirá los mismos traumas. Es importante identificar factores familiares y ambientales.

Lo que pasa es que el niño se siente solo y desprotegido, sensación que se repetirá en él como adulto; por eso el adulto con TLP se sentirá enojado y amenazado en el proceso de separación, divorcio o muerte de un familiar, porque eso lo enviará de nuevo al escenario donde se sintió totalmente abandonado.

EL TRAUMA DEL ABUSO INFANTIL

E l abuso infantil es un trauma común en la historia del *borderline*.

Cuando un niño o una niña sufren abusos, inconscientemente se sienten culpables. Si culpan al adulto, sentirán terror por depender de él y por saber que deben confiar en quien los lastimó. En la mente de los niños este proceso es sumamente doloroso y cruel.

Si, por casualidad, no culpan a ese adulto, el dolor se volverá insoportable y la culpa crecerá. Después de todo, eso tan malo está pasando por su culpa, y eso significa que es una mala persona y merece el sufrimiento (un sentimiento que resurgirá en los adultos *borderline*).

El individuo con TLP aprende muy temprano en su vida que es una mala persona y que hace que sucedan cosas malas. Espera los castigos y, si no llegan, él mismo los buscará, los provocará (autocastigos).

De adulto, la autolesión puede ser una manera de revivir ese patrón familiar, de volver a sentir el castigo y la sensación antagónica de seguridad en la sensación de abuso.

Otro factor importante es el amor versus el odio que se siente en el abuso. Después de todo, ¿alguien que me ama puede hacerme tanto daño? Como adulto, esta persona experimentará alternancias entre el amor y el odio hacia quienes le rodean.

La sensación que ese adulto tendrá sobre sí mismo es que solo existe lo bueno y lo malo, todo o nada, odio o amor, nunca equilibrio, nunca término medio. En algunos casos, repiten el abuso con sus propios hijos.

Cuando hablamos de abuso nos referimos al abuso sexual y al maltrato psicológico, emocional y físico. Todos ellos tendrán consecuencias. Un maltrato puede ser un grito, un exceso de silencio, una ausencia...

EL TESTIMONIO DE LILITH D

A veces me miraba al espejo y ya no me reconocía, era raro, pero sucedía, y me preguntaba: «¿Quién es esa chica?». O, si no, me sentía invadida por una tristeza horrible, que me dominaba durante unos minutos, siempre en el baño... Luego se me pasaba y me iba a jugar. La iglesia fue nuestro segundo hogar, nuestra segunda familia. Allí dentro había una atmósfera de amor, de respeto a Dios, de lectura de historias bíblicas, de estudio y de reverencia, reverencia voluntaria, porque rezando allí amábamos aquel lugar y a Dios. Cuando yo tenía cinco o seis años, un niño mayor abusó de mí sexualmente. En el baño. Fue ahí donde mi cerebro comenzó a enredarse. Solo jugaba para no seguir llorando todo el tiempo. La confusión sexual me afectó mucho porque en la escuela y en la iglesia nos decían que debíamos tener sexo solo después del matrimonio, pero yo ya había tenido la experiencia, así que en mi cabeza bullía el desasosiego en términos de información ambigua, y no sabía qué camino tomar. Me sentía muy confundida.

Cuando tenía ocho años, mis padres se separaron y en ese momento no me afectó mucho, porque en el fondo no creía en ese matrimonio. Había demasiadas peleas. En pleno ataque de nervios, mi madre rompía la guitarra contra la pared, la cámara de vídeo... y hasta recuerdo que cuando tenía cinco o seis años fui testigo de cómo mi padre atacaba a mi madre... Ella me llamaba: «¡Lilith! ¡Lilith!». Y yo estaba paralizada de miedo en la cama, inerte... aterrada, horrorizada. Quizá aquel es el mismo miedo que siento hoy.

Le pido a Lilith que defina lo que significa ser *borderline*

Ser *borderline* es tener el placer y el disgusto de ver el mundo como realmente es, tanto en la fantasía como en la realidad. Tenemos acceso a esas dos puertas. La puerta de las ideas, de lo subjetivo, y la puerta de los hechos, de lo objetivo... Por eso sufrimos tanto, porque vemos cosas que nadie ve y no podemos hacer mucho. Nos retiramos a nuestras autoagresiones por pura desesperación por tener las manos atadas en relación con los absurdos que suceden en este mundo... Somos muy sensibles. Solo eso. Leemos automáticamente lo que está escrito entre líneas.

Le pregunto sobre las hospitalizaciones y el consumo de drogas

Ya me han internado doce veces, tanto por depresión como por psicosis o por drogas... Las drogas, especialmente la cocaína, me proporcionan la sensación de libertad por unos minutos, como si tuviera superpoderes... Soy superinteligente, omnipotente... Estoy libre de culpa... Entonces... es una tentación muy grande, pero luego... me siento completamente desarmada, insegura, asustada, paranoica. Pienso que si mis padres se enteran me echarán de casa, etc. Y es obvio que junto a las drogas viene la promiscuidad sexual... Lo que nos deja con una superculpa después... porque es como si no fuera yo, como si fuera otra persona la que practica tales actos. Pero creo que me impongo tanta presión en el día a día que de vez en cuando exploto, y solo sé huir de todo haciéndome daño.

En cuanto a la terapia, le pregunto si cree que es eficaz

En cierto modo lo es, pero es más que eso, es una manera de conocer mis mecanismos de autoagresión, detenerlos y pararme a pensar: «No, ya no quiero esto para mí». También es una manera de entender los mecanismos de sabotaje, cómo yo misma me humillo, en fin, me agredo. Pero la terapia es la salvación del *borderline*... No sé cómo explicarlo bien, así que tendrás que hablar con un psicólogo, quizá con el mío. Sí, tomo medicamentos para estabilizar mi estado de ánimo y controlar mis impulsos y «viajar» menos. Durante ocho años me diagnosticaron un trastorno bipolar y tomé los medicamentos equivocados; creo que las evaluaciones se deben hacer con más cuidado, ya que tenemos esta etiqueta. ¡Que al menos nos la pongan correctamente! Bueno... ser *borderline* es... es sufrir en la oscuridad, en la luz, todos los días, y seguir jugando con ese sufrimiento. Quiero decir, burlarse con ironía de la misma manera que la vida se burla de nosotros. Hago una recreación artística de la realidad, porque la cruda y desnuda no ayuda mucho, solo duele. Hay una frase de una película que resume bien lo que es ser *borderline* y lo que estoy viviendo en este momento ya cerca, a los veintinueve años de edad —por favor, Dios—, de la remisión. Es de la película *Inocencia interrumpida*. «Declarada sana y enviada de regreso al mundo. ¿Mi diagnóstico final? Una *borderline* curada. ¿Alguna vez he estado loca? Quizá, o quizá la vida sea la que es. Estar loca no es romperse o tragarse un oscuro secreto, es ser como tú o como yo: amplificado».

Madurando con el desorden

Algunos adultos *borderline* pueden realizar un trabajo perfectamente e incluso ser reconocidos; sin embargo, otros son incapaces de mantener un solo trabajo, estudio o meta durante su vida, y tienden a aislarse en sus propios mundos interiores.

A medida que maduran y envejecen, muchas personas con trastorno límite de la personalidad experimentan mejorías significativas, hay una regresión de la impulsividad y de las conductas autolesivas, y la sensación de vacío crónico puede aliviarse.

Esto se debe a que al ser más maduras ya no tienen tanta energía para extrapolar, ya no tienen tanta necesidad de llamar la atención, ya han logrado identificar su problema y lidiar con ello de manera más sutil.

Algunos expertos señalan que los treinta años es la edad propicia para la regresión de la enfermedad, pero otros no están de acuerdo, y señalan los cincuenta años aproximadamente. En cualquier caso, es importante recalcar que el *borderline* nunca se curará por completo, pero sí podrá aprender a vivir sin tanto terror y vacío en su vida.

Un buen pronóstico es cuando logran casarse, tener hijos, un trabajo, fijarse metas.

Brigit, de sesenta años, me dice:

Y el tiempo nos enseña a saber amar y a aprender a ser amados, solo el tiempo y nada más.

Aspectos médico-legales del *borderline*

Creo que es muy importante mencionar los aspectos médico-legales y cómo tratar a la persona con trastorno límite de la personalidad en este sentido.

El paciente *borderline* puede estar sujeto a una evaluación jurídica y legal cuando la gravedad de su trastorno de la personalidad es lo suficientemente importante como para producir un serio trastorno mental e incapacidad para autodeterminarse.

La capacidad civil de una persona debe estar condicionada a su madurez mental. Krafft-Ebing (Krafft-Ebing, *Medicina Legal*, España Moderna, Madrid, 1992) distingue tres elementos fundamentales para que el individuo sea considerado capaz y, a través de esta capacidad, pueda adquirir los derechos y deberes de la vida en sociedad:

1. «Conocimiento y conciencia» de los derechos y deberes sociales y de las reglas de la vida en sociedad.
2. Suficiente «juicio crítico» para la aplicación de lo anterior.
3. «Firmeza de voluntad (volición)» para decidir libremente.

Como se ve en la práctica, e incluso de acuerdo con el curso y la evolución del trastorno límite de la personalidad al que se refiere la literatura internacional, no se puede decir que estos pacientes sean considerados enfermos mentales, ya sea por la ausencia de síntomas psicóticos o por la falta de deterioro del juicio crítico, ambos necesarios para diagnosticar una enfermedad mental.

Sin embargo, en la actualidad se han puesto de relieve no solo las características psicopatológicas del paciente (imputado) en cuestión sino, sobre todo, una serie de circunstancias vivenciales ligadas de alguna manera al hecho delictivo. La embriaguez habitual o el consumo de estupefacientes, por ejemplo, son circunstancias atenuantes. En tales casos, la persona puede ser incapacitada legalmente, si está expuesta a perpetrar actos jurídicos que sean perjudiciales para ella misma o para su propiedad.

En la justicia española, esta cuestión de la posible pérdida de propiedad tiene como objetivo la protección económica (y social) de los miembros de la familia del *borderline*. Es la doctrina de la semicapacidad, una solución técnica de la ley actual para mitigar los efectos dañinos de la alteración psíquica de ciertos individuos en otras personas, pero no siempre, ya que se atenúa la punibilidad en relación con su propia persona.

Como puede verse, la figura de la discapacidad y semicapacidad tiene un alcance menor que la declaración de incapacidad a causa de enfermedad mental y, en la práctica, representa un recurso de protección que es más patrimonial que personal. Esta actitud tiene como uno de sus objetivos evitar el deterioro del patrimonio familiar por parte de los *borderline*, muchas veces adictos al juego, a las drogas, al alcohol, etc.

El derecho penal se relaciona con la psiquiatría forense a través del concepto de imputabilidad. Imputar significa atribuir algo a una persona, y esa persona solo será imputable cuando esté en condiciones de valorar y juzgar sus acciones y las consecuencias que de ellas se derivan. En definitiva, podemos decir que alguien es imputable cuando es responsable de la culpabilidad de sus actos.

Algunos autores (Nestor Ricardo Stingo, Maria Cristina Zazzi, Liliana Avigo, Carlos Luis Gatti) piensan que la persona con TLP puede ser inimputable en los casos en los que hubiera un estado de inconsciencia, sobre todo por intoxicación por drogas o alcohol o, aun así, debido a una alteración mórbida de las facultades mentales. Este último caso, casi exclusivamente en presencia de síntomas psicóticos.

Es evidente que existen situaciones mucho más difíciles para dar fe del grado de responsabilidad de la persona límite. Estas situaciones están relacionadas básicamente con episodios de descontrol impulsivo. En estos casos, estaría en juego no la cuestión psiquiátrica (diagnóstica), sino la cuestión psicológica de la circunstancia. El dilema de estos temas está, precisamente, en el hecho de que estas personas entienden y comprenden la gravedad de sus actos pero, sin embargo, son incapaces de controlar su conducta. Sin embargo, nunca debemos olvidar que las cuestiones relacionadas con la capacidad, la incapacidad, la imputabilidad y la no rendición de cuentas son conceptos estrictamente legales, que dependen de manera rigurosa del juez, y que el papel de la medicina es solo ayudar a la justicia a través de informes y peritajes.

CÓMO PREVENIR EL TLP EN NUESTROS HIJOS

¿Cómo puedo estar seguro de lo que debo esperar de mi hijo? ¿Cómo se debe actuar para evitar futuras frustraciones? ¿Estoy siendo demasiado exigente o demasiado poco exigente?

Algunos consejos importantes

1. **Quiere a tu hijo** por quien es, siempre utilizando el diálogo para establecer un vínculo sincero y real. No le mientas, déjale claro lo competitivas que son las personas y que no siempre apreciarán lo que haga, y que esto no debería causarle una sensación de frustración. De esta manera, estamos previniendo futuros adolescentes con baja autoestima y sentimientos de enfado o de rabia cuando no se sienten valorados.

Es importante dejarle claro la dificultad real de la vida y establecer límites en cuanto a sentirse frustrado, herido, enojado o resentido.

Muéstrale que lo que vale no es competir, sino sentirse orgulloso de uno mismo; desarrolla su capacidad para construir cimientos sólidos y no destructivos.

2. **Enséñale** a tu hijo a no alimentar pensamientos opuestos en su mente, como dos pensamientos diferentes, que se procesan al mismo tiempo. Al eliminar este tipo de pensamiento «en blanco y negro», será menos probable que caiga en comportamientos erráticos, y empezará a ser consciente de la necesidad de mantenerse concentrado en cada área de su vida. (Los *borderlines* suelen procesarlo todo desde un prisma de todo o nada, de blanco o negro, por lo que son incapaces de concentrarse en un objetivo en particular, siempre dejándolo todo para más tarde o sin concluir absolutamente nada en sus vidas).

3. **Dale** a tu hijo la oportunidad de explorar sus talentos, no reprimas su voluntad; él sabe lo que le gusta y eso debe ser respetado y alentado. Pregúntale siempre cuáles son sus preferencias, muéstrale interés, comparte ese interés con él, deja que se sienta capaz de saber qué quiere y de luchar por ello. (Las personas *borderline* suelen desarrollar la incapacidad de saber lo que quieren; cuando inician

una actividad, ya están pensando en empezar otra, y tienen dificultad para reconocer en sí mismas un talento específico).

4. **Aprende a reconocer** y comprender bien sus sentimientos, gustos y deseos, y entender que es posible que tu hijo no tenga las mismas opiniones u objetivos que tú. No dejes que se frustre al exigirle que haga algo que tú no pudiste lograr; por egoísmo, estarás criando a una persona insatisfecha y sin deseos propios.

5. **Enséñale** a tu hijo a tolerar, esto es fundamental. Habla con él de los límites tolerables e intolerables, escucha lo que piensa y nunca fomentes los ataques de furia y enfado. (Las personas *borderline* tienen cero tolerancia a las críticas y sufren verdaderos ataques de furia cuando se sienten frustradas).

Estar tranquilo es importante; enséñale cómo lograr esa calma en lugar de alentarlo a comportarse agresivamente.

La mayoría de los niños creen que todo es culpa suya, por lo que es necesario deconstruir esta idea.

Rachel Reiland, *borderline* y autora del libro *Get Me Out of Here: My Recovery from Borderline Personality Disorder* [Sácame de aquí: mi recuperación del trastorno límite de la personalidad], explica cómo su esposo, Tim, ayudó a sus hijos a no tomarse como algo personal lo que le estaba sucediendo a su madre.

Solía decirles a nuestros hijos: «Mamá está enferma. No es el tipo de enfermedad que hace que tu garganta se inflame, sino el tipo de enfermedad que te pone muy, muy triste. Mamá ha estado en el hospital precisamente porque allí hay un médico que la ayuda a dejar de llorar. Mamá no está molesta ni llora por nada de lo que has hecho tú, llora mucho porque está enferma. De hecho, te quiere tanto que eres un motivo para que se sienta más feliz y quiera sonreír».

Tim se lo repitió una y otra vez hasta que vio el alivio en sus ojos, los niños eliminaron cualquier sentimiento de culpa y se tranquilizaron.

La realidad y la objetividad son esenciales para comunicarse con el niño y que no cree una fantasía de culpabilidad.

Rachel dice que Tim fue la llave maestra para que sus hijos no siguieran el mismo camino que ella, porque conocían su enfermedad y sabían cómo lidiar de manera exacta con la situación:

Además, como cualquier *borderline*, tengo momentos de control y momentos de ausencia total de control, pero Tim me ayudó a darme cuenta de que, lo quiera o no, soy una adulta y tengo dos hijos que dependen de mí y que mi comportamiento tendrá un impacto en ellos.

Los padres siempre deben estar atentos cuando el cónyuge sufre trastorno límite de la personalidad. La ausencia de control y de límites puede desencadenar violencia intrafamiliar y dejar secuelas para futuros *borderlines*, pero es posible evitarlo, y es fundamental el diálogo, la explicación de la enfermedad a los niños y el alejamiento del enfermo durante las crisis.

Los niños no pueden trazar límites por sí mismos, por lo que tú debes hacerlo por ellos.

Implica a tu hijo en actividades
1. Minimiza su contacto con el adulto enfermo.
2. Aumenta su confianza y autoestima.
3. Ponlo en contacto con otros adultos cariñosos (otras referencias).
4. Libéralo un poco de su propia presión emocional.

IMPLICACIÓN EMOCIONAL CON LA PERSONA CON TLP

Qué hay que aprender

- A tener tiempo para ti, ya sean días, semanas o meses.
- A no involucrarte en sus juegos y cortarlos en seco.
- A hacer que la relación sea lo menos simbiótica posible.
- A pasar menos tiempo con la pareja *borderline* (ten tus propios intereses, amistades, actividades).
- A demostrar sinceridad con tu pareja y a decirle que mantendrás la relación solo si se compromete a seguir la terapia.
- A que también necesitas a un terapeuta para lidiar con la situación.

Preguntas que debes hacerte

- ¿Qué quiero de esta relación?
- ¿Qué necesito realmente de la persona *borderline*?
- ¿Cuánto puedo abrirme acerca de mis sentimientos con esa persona?
- ¿Me estoy poniendo en peligro al estar con esa persona?
- ¿Cómo afectará a mis hijos esta decisión de salir con un *borderline*?
- ¿Cómo afecta esta relación a mi autoestima?
- ¿Soy consciente de que el *borderline* cambiará solo cuando él quiera? ¿Podré aguantarlo?
- ¿Creo que tengo derecho a ser feliz?
- ¿Acaso solo soy valioso cuando me sacrifico por los demás?
- ¿Cuándo me siento más feliz: cuando estoy con esta persona, cuando estoy con amigos o cuando estoy solo?
- ¿Me siento capaz de exponer la situación ante mis conocidos y familiares?
- ¿Cuáles son las ramificaciones legales de mi decisión?
- Si un amigo estuviera en mi lugar y me contara su relación con un *borderline*, ¿qué consejo le daría?

Bete, de treinta y dos años de edad, *borderline*

Una relación con cualquier persona es muy difícil para nosotros, no son solo los «normales» los que deberían reflexionar sobre si deben estar con nosotros o no, también nosotros vivimos en el infierno, en el miedo al abandono, sabiendo que tendremos crisis en cualquier momento y que la persona seguramente se cansará de las manipulaciones, de la necesidad de un afecto constante, etc., Pero ya sabes, hubo una persona por la que me di cuenta de que valía la pena arriesgarme. El amor, cuando la pareja lo experimenta de manera real, ayuda mucho a sanarnos, logramos volvernos un poco más «racionales» y puedo decir que incluso he logrado ver (bastante distante, claro) un posible equilibrio en mí.

EL HOMBRE DE LOS LOBOS: FREUD Y EL TLP

Psicoanalistas y sociólogos reflexionan sobre las enfermedades y los rasgos de la personalidad como un factor sociocultural que, en mi opinión, es sumamente relevante.

Los casos de pacientes depresivos han aumentado considerablemente desde la década de 1970, y, si tenemos en cuenta que el setenta pro ciento de la población padece esta condición, puede parecer algo aterrador, y de hecho lo es.

Los casos de trastorno límite de la personalidad también son diagnosticados en un porcentaje mayor, así que debemos reflexionar sobre el dolor de estas personas y lo que la modernidad, lo social, lo cultural y lo mediático puede provocar y desencadenar en ellas.

El impulso de vida y el impulso de muerte

Freud enumeró dos tipos de impulsos cruciales en nuestras vidas: el impulso de vida y el impulso de muerte.

Ambos existen en todos nosotros, pero la diferencia crucial es el *instinto*, es decir, la motivación por la vida, por el crecimiento, la capacidad de crear metas y seguirlas, de poder vivir en una sociedad y adaptarse a ella.

El impulso de vida es el lado sano del individuo, lo que hace que no caigamos en la depresión, lo que nos da movimiento, y el movimiento es lo opuesto a la depresión, que se define como una postración emocional, algo que baja, que es inerte, apático, inmóvil.

Pero el impulso por la vida requiere desafíos. Los necesitamos para lograr lo que queremos: nuestras metas. Por ello, al igual que sociólogos y psicoanalistas modernos, como Bauman, yo cuestiono la sociedad líquida en la que vivimos, donde todo es rápido, los amores son pasatiempos, la velocidad con la que recibimos la información se dispara, los medios nos muestran lo que es bueno y lo que es malo, cómo ser grande o mediocre, y todo es *todo o nada*.

Pensando en ello, ¿dónde está nuestro impulso de vida si hoy necesito tener un Mercedes Benz para ser una persona de «nivel», y mañana resulta que recibo otro mensaje de que ¡el Mercedes ya es el pasado!?

¿Cómo podemos, entonces, luchar por objetivos tan rápidos e inalcanzables?

Si no tengo ningún incentivo para establecer mis metas, soy una persona débil, no soy nada en la sociedad actual, soy un depresivo, o incluso una persona limítrofe (o fronteriza).[*]

Los casos de patología que involucran al individuo limítrofe han ido creciendo demasiado, por lo que es importante pensar y repensar siempre las cuestiones socioculturales, el poder de manipulación que ejercen los medios de comunicación y una sociedad muy líquida y fútil.

¿Hasta qué punto la contemporaneidad influye en las personas enfermas, deprimidas, desmedradas y limítrofes?

Y volviendo a Freud, el padre del psicoanálisis, que lo diagnosticaba todo como «histeria», nos relata un caso que define como límite entre la neurosis y la psicosis. Ciertamente nos está describiendo, en otras palabras, lo que ahora llamamos trastorno límite de la personalidad. Este caso se conoció como «el hombre de los lobos».

En términos generales, tal vez podamos decir que la principal característica de la comprensión psicoanalítica en relación con la infancia consiste en el interés

---

[*] N. de la E.: En el terreno de la psiquiatría, el síndrome de la personalidad limítrofe, como su mismo nombre indica, se refiere a los individuos con un comportamiento asocial, con actitudes que se acercan al límite de lo considerado normal.

de rescatar en el discurso del analizado no precisamente un hecho fielmente reproducido, sino el modo en que este hecho quedó registrado en su psique, determinando tanto su propia constitución como su forma de recordar el pasado. La fantasía, en términos de verdad psíquica, confiere a lo infantil un estatus que se extiende más allá de lo visto y escuchado en la infancia. Por tanto, lo infantil también se refiere a las sensaciones que se registraron en la psique al inicio de la constitución psíquica. Sonidos, olores, sensaciones táctiles componen las huellas mnémicas* primordiales y se extienden más allá de ellas. Lo infantil no se da a ver, pero está presente en el discurso y en la forma en que se pone en análisis lo analizado.

La infancia no se puede confundir con lo infantil.

La infancia se refiere a una época de la realidad histórica, mientras que lo infantil es atemporal y se refiere a conceptos como pulsión, represión e inconsciente.

Lo infantil apunta a la peculiar manera de abordar la infancia en el trabajo de análisis, es decir, como marca mnémica reprimida referida a los primeros años de vida.

Fue en esta historia, la de «el hombre de los lobos», en la que Freud trabajó intensamente en la discusión de aspectos fundamentales de la reconstrucción de lo infantil a través del psicoanálisis. De esta manera, enfatizó

---

* N. de la E.: Concepto usado por Freud en toda su obra, para dar cuenta de la forma en que se inscriben ciertos acontecimientos en la memoria. Según Freud, esas huellas se depositan y persisten latentes permanentemente y son reactivadas en determinados momentos.

aquello que no desaparece en el adulto sino que debe ser reconstruido.

En este sentido, podemos pensar que en el caso de «el hombre de los lobos», lo infantil equivale a lo traumático que quedó en el inconsciente y generó síntomas, sueños, etc. Freud atribuyó tal importancia al factor infantil que, afirmó, por sí solo, es suficiente para producir la neurosis. Según James Strachey, es el caso clínico más elaborado de Freud.

Se trata de un sujeto, un joven ruso, Serguei, que inició su análisis con Freud en febrero de 1910, tras una gonorrea. La primera parte del tratamiento duró hasta 1914, cuando Freud lo consideró concluido.

La publicación tuvo lugar cuatro años después.

En cuanto a la interpretación, Freud se refirió a «el hombre de los lobos» en varias obras antes y después de la publicación del caso.

Por un lado, en 1910, al mismo tiempo que se iniciaba el tratamiento, Freud pronunció una conferencia en el II Congreso de Psicoanálisis, titulada «El futuro de la terapia psicoanalítica», en la que se preguntaba una vez más por el método de tratamiento de las resistencias,[*] teniendo en cuenta sus concomitancias con la histeria y manteniendo una cierta precaución frente a la neurosis obsesiva.

---

[*] N. de la E.: En psicoanálisis se llama resistencia a todo acto o palabra del analizando que se opone a que este acceda durante el análisis a los contenidos de su inconsciente.

Los obstáculos a los efectos de la interpretación en el tratamiento fueron ya una preocupación explícita presentada a la comunidad analítica.

Por otro lado, la cuestión de la interpretación, en esa época, está envuelta en la controversia con Jung y Adler sobre el papel de la sexualidad infantil en la causa de las neurosis, que estos ponen en duda.

Este caso es de suma importancia. En la primera entrevista con el paciente (de diecinueve años de edad), Freud detectó la importancia del factor sexual infantil y el lugar de la neurosis infantil en el origen de la neurosis. El caso tenía un valor demostrativo, que Freud decidió traspasar a la comunidad psicoanalista. Se mantuvo vivo hasta 1979, apoyado por dicha comunidad.

En 1912, Freud se dirigió a los psicoanalistas para que dieran la debida importancia a los sueños de los niños. Podemos concluir que el motivo de esta solicitud reside en el sueño de «el hombre de los lobos» que constituye el elemento más relevante del caso clínico.

Freud lo interpretó desde el complejo de Edipo, conjugado con la hipótesis de que todo se guarda en el inconsciente. Quería ver si el trauma infantil es la causa fundamental de todas las neurosis. La interpretación y/o construcción no son fácilmente distinguibles en Freud en este caso y en sus efectos.

Se trata de un joven cuya salud se había debilitado a los dieciocho años, tras una gonorrea infecciosa, y que sufría una gran discapacidad y era dependiente de otras personas cuando inició su tratamiento con Freud, tiempo después.

Debido a su enfermedad, el paciente pasó mucho tiempo en varios sanatorios alemanes, y en ese momento fue clasificado por los especialistas más autorizados (Ziehen, de Berlín, y Kraepilin, de Múnich) como un caso de trastorno maníaco-depresivo.

Según Freud, la descripción del caso fue una neurosis infantil que se analizó no en el momento en cuestión, sino quince años después:

> El paciente permaneció durante mucho tiempo atrincherado en una actitud de docilidad indiferente. Escuchaba y comprendía, pero no se interesaba por nada. Su clara inteligencia se hallaba secuestrada por las fuerzas instintivas que gobernaban su comportamiento en la reducida vida exterior de la que aún era capaz. [...] Me vi obligado a esperar hasta que la conexión conmigo fue lo bastante intensa para compensarlo y entonces puse en juego este factor contra el otro. Decidí, no sin calcular antes la oportunidad, que el tratamiento debía acabar dentro de un plazo determinado, cualquiera que fuese la fase a la que hubiera llegado.

Importante. Los síntomas de Serguei eran amplios:
- Fobias.
- Obsesiones.
- Inhibiciones.

- Angustia.
- Ambivalencias.

Se trataba de un caso de muy difícil diagnóstico.

Era una neurosis (el malestar del paciente se presentaba de forma neurótica) que en ocasiones mostraba rasgos psicóticos.

Descripción del sueño

El paciente soñó que la ventana del dormitorio se abría y veía a seis o siete lobos blancos subidos al nogal que había frente a él. Terriblemente aterrorizado ante la posibilidad de ser devorado, gritó y se despertó.

Observaciones: La interpretación de este sueño fue una tarea que duró varios años. La única acción en el sueño era abrir la ventana. Los lobos permanecían inmóviles en las ramas del árbol.

Causa de angustia

Era un rechazo al deseo de satisfacción sexual por parte del padre,* cuya evocación había puesto el sueño en su cabeza.

---

* N. de la E.: A partir de este sueño, Freud inicia una exploración regresiva hacia varias experiencias de la infancia de su paciente. Descubre que cuando tenía un año medio presenció el coito de sus padres. A partir de este suceso, el niño comienza a mostrarse obsesionado con la religión y con la culpa, además de encadenar una serie de experiencias y conductas que resultan perturbadoras no solo para él sino para toda la familia. Después de recorrer todos los elementos que confluyen en el trastorno mental, Freud concluye que «el hombre de los lobos» encarna un caso de

La forma que tomó la angustia, el miedo a que los lobos lo devorasen, era solo una transposición del deseo de copular con su padre, es decir, de tener satisfacción sexual de la misma manera que la tenía su madre.

Su objetivo sexual final estaba, pues, reprimido. Tras su actitud sumisa hacia su padre latía un gran pavor (que tomó la forma de fobia hacia los lobos).

Su madre tomó el lugar del lobo castrado,[*] que dejaba que otros treparan al árbol y lo dominaran, y su padre tomó el papel del lobo que trepaba (copulaba).

Se identificaba con su madre castrada (sin pene), y durante el sueño luchaba contra ese hecho. Su hombría protestaba contra ser castrado (como la madre) y contra ser satisfecho sexualmente por el padre.

No fue solo una corriente sexual la que se inició en la escena infantil y primaria, sino todo un conjunto de ellas.

Importancia de esta situación: un acto de ver a los padres en una relación sexual, aunque sea saludable, puede convertirse en una fantasía aterradora para un niño, un castigo del padre a la madre.

---

homosexualidad reprimida, fruto de un complejo de Edipo invertido; su deseo de ocupar el lugar de la madre para ser sodomizado por su padre.

[*] N. de la E.: Freud interpreta que las largas colas de los lobos son símbolos fálicos, y las relaciona con una historia, que en aquella época le cuenta el abuelo al paciente, en la que un lobo pierde la cola (castración).

Freud aisló dos fases de neurosis infantil:

1. Desarrollo de una actitud perversa y cruel hacia los animales, con tres años y medio, que no se correspondía con la conducta previa del sujeto.
2. Brote de angustia y fobia cuando el niño tenía cuatro años.

Siguió un intenso desarrollo de síntomas obsesivos, incluidos los rituales religiosos antes de acostarse.

Freud propuso que estos dos tiempos estaban separados por un evento traumático.

EL TESTIMONIO DE LOLA C.

Lola, treinta y tres años de edad, estudiante de Derecho, hermosa sonrisa con dientes blancos y prominentes, pequeños hoyuelos en el mentón y pequeñas pecas en el rostro, que contrastan con su cabello rojo. Es bastante evidente la forma en que se mueve deliberadamente y es seductora todo el tiempo, como si exagerara cada gesto, palabra, acción. Me parece un volcán en erupción, algo dramático e histérico, pero en el curso de la entrevista, y a partir de la visión interior real de la joven, percibo a un ser humano triste, necesitado, con una autoestima extremadamente baja y un dolor tan infinito que todavía me pregunto de dónde viene y si alguna vez cesará.

Lola tuvo una infancia feliz, dice que le encantaba jugar y que no tenía problemas para relacionarse con sus compañeros de escuela. Pero en poco tiempo la frustración se convirtió en placer, porque su cuerpecito ahora tenía curvas y senos, una cintura delgada y unas caderas anchas, y adoraba la manera en que la miraban los chicos, deseándola. Era una nueva vida, llena de posibilidades y deseos que nacían, que florecían poco a poco. Eran pasiones veraniegas, pero todos aquellos besos intensos y secretos marcaron su alma con el inefable descubrimiento de poder ser mujer y sentirse en flor.

A los catorce años, Lola se enamoró de un chico de dieciocho. Él era el más disputado del colegio, pero estuvo encantado con ella desde la primera sonrisa que intercambiaron en el patio. Alex, que ya estaba en la escuela secundaria, fue un premio para la joven, una mujer que ahora mostraba su sonrisa y se reía a carcajadas cada vez que confiaba sus besos y tocamientos secretos a sus amigas más íntimas.

Un viernes de agosto concertaron una cita. Lola cuenta que en esa época sus padres eran muy rígidos, por lo que les dijo que se iba a estudiar a la casa de su amiga más próxima, donde había quedado con el chico.

El plan funcionó. Lola aprovechó para aplicarse el lápiz labial rojo que se había comprado y se puso un vestido floreado y corto.

Estaban solos en la habitación de su amiga y Alex le confesó su amor, algo que hizo que la niña-mujer quedara aún más encantada con la condición de ser adulta.

Se besaron y ella recuerda cada segundo, cada caricia y las grandes manos de Alex en su cabello. Sin embargo, de repente, el chico sincero, cariñoso y perfecto se puso agresivo e intentó a toda costa tomarla por la fuerza. Ella reaccionó, pero él era fuerte y le tapó la boca: «En ese momento sentí que algo se rompía, no por el acto sexual, ya que logré escapar a tiempo, sino por la manera en que me di cuenta de que su amor era falso».

Lola, entonces, tras este episodio, comenzó a cuestionarse varias cosas, al fin y al cabo el amor de un hombre puede ser algo muy malo. Pero fue más allá de eso, se sintió asqueada hasta el punto de que comenzó a sentirse mal, con dolores en el cuerpo y sensaciones de falta de aire. Las pesadillas empezaron a invadir su sueño y en ellas aparecía un hombre gigante a su lado en la cama del que no tenía manera de escapar. Se despertaba asustada y varias veces había vomitado después del sueño: «La sensación que tenía durante el sueño era horrible, parecía real. Aquel hombre enorme y de manos grandes yacía a mi lado y yo no podía escapar y me pasaba algo muy malo».

A los quince años de edad la llevaron al terapeuta. En ese momento estaba abatida y sus padres sospechaban de una posible anorexia nerviosa, ya que apenas comía y había perdido varios kilos de peso en poco tiempo.

Además, se mostraba descuidada, no quería enseñar su
cuerpo y se sujetaba los pechos con una faja apretada
para que parecieran más pequeños. Le contó al médico,
sin dificultad, el episodio con Alex, y le confió que creía
que era el detonante de su malestar y de sus pesadillas.

Miró con curiosidad al terapeuta cuando este le
preguntó: «¿Te acuerdas de algún episodio como este,
pero anterior?».

Regresó a casa en plena agonía: ¿qué estaba sugi-
riendo aquel médico, en definitiva?

> Me enfadé con él. Era como si él también me atacara de
> alguna manera, como todos los hombres empezaban a
> hacer en mi vida.

Tras afirmar que sentía que aquel médico la estaba
acosando, logró convencer a sus padres de que consul-
taran a una doctora.

Lola asistió a tres años de terapia y mejoró su problema de alimentación, su autoestima volvió, aceptó
que era una mujer atractiva y su ropa ya no ocultaba sus
curvas.

Tenía diecisiete años, se sentía joven y poderosa,
sin límites, contenta, finalmente feliz de nuevo.

Le pregunto qué descubrió durante ese período
de terapia y sonríe diciendo que absolutamente nada.
Me dice que se sentía más inteligente que la terapeuta,
con una capacidad de manipulación que comenzaba a

proporcionarle un placer impulsivo e incontrolable en su interior:

> Era bueno estar frente a ella y mentirle. Era como si la estuviera engañando todo el tiempo, y eso me proporcionaba poder. Pero en mí, y todavía no lo sabía en ese momento, ya existían las ganas de escapar de un pasado que luego descubriría.

Su primera relación sexual fue a los diecisiete años y medio y con un hombre casado, veinte años mayor que ella:

> No podía parar, la necesidad de seducción y manipulación se apoderó de mí. Me acosté con varios hombres, sin importar edad, estado civil, historia de vida, ¡nada! Lo importante era sentir la adrenalina del momento.

Y así, Lola comenzó una vida promiscua y peligrosa, con hombres de todo tipo, que le hicieron probar las drogas, la golpearon en varias ocasiones y ejercieron en ella un control extremo. Pero lo justifica de esta manera:

> Ellos pensaban que tenían el control, pero era yo quien lo tenía, o al menos así lo sentía en esa época, y si recibía una bofetada en la cara, yo le daba dos de vuelta, y no tenía miedo de las consecuencias.

A los dieciocho años de edad se mudó con Roger, un hombre separado que había dejado a su esposa y a sus dos hijos para vivir con ella en una habitación diminuta.

Los padres de Lola hacía ya tiempo que no trataban de entender a su hija y se contentaban con decir que era una chica rebelde, como todos los adolescentes.

Roger tenía treinta y cuatro años de edad y era consumidor de cocaína, además de alcohólico:

> Sí, el tipo era muy duro, nunca olvidaré un día en particular... Las cosas que me dijo...

Él le pidió que se prostituyera, porque no tenían dinero y quería seguir bebiendo. Ella lloró y le respondió que no aceptaba lo que le pedía. Él le dijo que la amaba, pero que estaba enfermo y no podía trabajar. Lola, enfurecida, se lanzó contra él y lo golpeó en la cara, en el cuerpo, descontrolada. Se fue al armario de la cocina y tomó un cuchillo. Dice que en ese momento sintió que la sangre le subía a las mejillas y una sensación de frialdad y poder se apoderó de ella:

> «Te voy a matar», le dije, con la intención de hacerlo, y clavé el cuchillo en el sofá junto a él, oyendo su grito de miedo y riéndome a carcajadas de puro placer.

Roger lloraba mientras ella se reía. Él le dijo que se iría para no volver jamás. Y se fue.

En ese momento, la sensación cambió: de ser una depredadora pasé a sentirme acorralada, la frialdad desapareció en segundos y un sentimiento de culpa y humillación me invadió, caí al suelo y lloré, grité, me arañé el cuerpo con las uñas... Ese día fue cuando me autolesioné por primera vez.

Lola tomó el cuchillo clavado en el sofá y tuvo el deseo forzoso de sentir un dolor externo que lograra calmar el interno. Se cortó varias veces en la pierna derecha, sintiendo el placer del dolor y la sangre:

En ese momento, no podía admitir el abandono de Roger, quienquiera que fuera no podía abandonarme, eso nunca.

Y ese miedo al abandono se convirtió en parte de Lola, una parte intrínseca y agotadora, porque aun cuando el hombre estaba enamorado, ella le gritaba y lo pateaba pidiéndole más cariño. Quería atención, quería toda la atención del mundo, una atención imposible de dar, quería lo incondicional:

Con mi actitud mantenía alejado a todo el mundo. A veces solo hacía falta que quien tuviera a mi lado encendiera la televisión para hacerme sentir pequeña, y entonces lo acusaba de no prestarme atención. Y si se quedaba frío e inactivo, yo le saltaba encima, o destrozaba la casa, y de nuevo se marchaba otro hombre más, y yo me autolesionaba.

Otra sensación que describe haber sentido con placer es la de subirse al coche y correr a más de cien kilómetros por hora, poniendo en peligro su propia vida. Una sensación de alivio aparecía cuando el viento le golpeaba el rostro, o incluso cuando pensaba en el peligro que corría, al que se exponía a propósito: «Era bueno, muy bueno, no tenerle miedo a nada».

En esa temprana edad adulta comenzó a experimentar momentos de depresión y ansiedad aguda, que contrastaban con momentos de intensa alegría, factor que provocó que le diagnosticaran erróneamente un trastorno bipolar:

Pasa mucho, estamos en la frontera, tenemos esos cambios de humor, pero hay mucha diferencia entre los dos trastornos, y el mayor error médico es la falta de información. Me tomé los medicamentos equivocados, que solo me causaron efectos secundarios.

La implicación en el sexo promiscuo, las drogas, las autolesiones... siguieron persiguiendo a Lola, hasta el momento en que tuvo su primer intento de suicidio, a los veintidós años.

Ocurrió después de que la abandonara un novio que llevaba con ella tres meses («Mucho tiempo para una *borderline*», me dice). Gustavo era un hombre de treinta y seis años, inteligente, exitoso y con muy buenas intenciones. Trató de comprender todo el proceso de la enfermedad, habló con los terapeutas, pero en ese momento todos le explicaban los síntomas del trastorno bipolar.

De todos modos, sabía que estaba viviendo con una persona enferma y decidió ayudarla:

> Él percibió en mí la constante y afligida necesidad de cariño y me lo brindó, sin dudarlo. Hablábamos durante horas, hacíamos el amor y nos reíamos. Creo que con él logré mejorar mucho.

Gustavo pudo aguantar esos meses con mucho tacto, pero desesperado. Las parejas de personas con TLP relatan que es la tarea más difícil del mundo mantener una relación con quienes padecen esta enfermedad. Se sienten absorbidos, manipulados, cansados y algunos incluso desarrollan signos de depresión. La presión es muy fuerte, porque están obligados todo el tiempo a dar un amor que, por su requisito de absoluta incondicionalidad, no es el real.

Escuché de un terapeuta muy reconocido la siguiente declaración: «Son demasiado manipuladores, a veces me siento tan cansado... En ocasiones creo que he logrado avanzar en algún caso, pero al día siguiente esa persona ya está tratando de suicidarse, cuando hace solo veinticuatro horas me había dicho que estaba feliz, que se encontraba mucho mejor».

Volviendo al caso de Lola C., Gustavo, que se mostró entregado y atento, acabó cansándose, se sintió agotado, terminó comparándola con un vampiro emocional... No soportó más la presión. Y se fue. Lola me cuenta:

Cuando oí que se cerraba la puerta sentí que me moría, experimenté una mezcla de odio y amor, pero lo que más me dolió fue la rabia que sentía hacia mí misma, un sentimiento de culpa inexplicable, como si yo fuera la causa de todos los abandonos que había sufrido, y de hecho lo soy. Me moría por dentro, el dolor era insoportable, corrí y agarré un cuchillo, me corté en las piernas, en los brazos, en el vientre... El dolor externo me alivió un poco, pero no fue suficiente, necesitaba recibir más castigo por ser así, una persona despreciable y espantosa. Así que corrí al botiquín y me tomé un montón de pastillas a la vez, una mezcla de ansiolíticos, antidepresivos y alcohol. Me desperté en el hospital porque, por suerte o por desgracia, Gustavo le dijo a mi madre que yo podía hacer alguna tontería.

Y prosigue:

Déjame intentar explicarlo mejor. Tratamos de suicidarnos todo el tiempo, pero es diferente a lo que hace otro suicida. Por ejemplo, lo intentamos porque necesitamos que alguien sienta algo por nosotros, si no, no podemos soportarlo, aunque sea lástima, odio. Alguien tiene que estar por nosotros. Es diferente a cuando me corto; entonces estoy tratando de desahogar un dolor horrible, un vacío... ¡y eso alivia, alivia mucho! Todo esto es así porque la otra persona se convierte en el centro de nuestras vidas, tratamos de suplir esa loca necesidad con el otro. Sin el otro no vivimos, mi terapeuta me explicó que es porque el *borderline* no se reconoce como persona. En nuestra personalidad se da una ruptura que nos convierte en seres sin destino, sin motivos, sin opciones. El miedo al abandono se debe a que no podemos estar solos. Si la pareja se marcha, es la muerte para un *borderline*.

Luego Lola cometió varios intentos de suicidio más y fue hospitalizada en más ocasiones. Me dice que fueron diez en total. Todo lo que Lola me cuenta, que es mucho, parece muy doloroso, y puedo ver sinceridad en sus palabras, regadas de tristeza, cicatrices y baja autoestima.

Aquí hay varios comportamientos que me confió Lola y que creo que son importantes para caracterizar su patología:

Te haré una lista que puedo decir que es la más común en mi caso. Lo que incluye lo he hecho o aún lo hago:

- Golpear la pared.
- Asfixiarme unos momentos: lo hacía cuando era pequeña.
- Morderme las manos, los labios, la lengua, los brazos...
- Presionar sobre las heridas o reabrírmelas (dermatilomanía).
- Pincharme con agujas.
- Morderme las uñas hasta sangrar.
- Pellizcarme, incluso con pinzas.

Avanzar después de comenzar el tratamiento

Quemarse, intoxicarse, medicarse (por ejemplo, exagerar en la dosis de la medicación y beber alcohol a la vez), sin intención suicida:

> Hoy en día soy más sofisticada... Solo uso cuchillas nuevas y afiladas... y en el brazo izquierdo, que está completamente marcado. Estoy toda marcada; son tatuajes de dolor expuestos en mi cuerpo, cada uno simboliza un llanto, un miedo, un vacío. La terapia está surtiendo efecto lentamente. Es difícil trabajar en la autolesión. Pero algo tiene que pasar. Últimamente he estado tomando fluoxetina, quetiapina, lamotrigina, topiramato, clonazepam y, por supuesto, omeprazol para que el estómago lo soporte todo.

Decido entrar en un campo muy difícil para Lola, pero será necesario que juntemos todas las piezas en nuestra entrevista. Le pregunto por el terapeuta que mencionó al comienzo de nuestra conversación, el primero que cuestionó una posible situación traumática en un pasado más lejano de lo que podía recordar.

Sonríe incómoda y me dice que sabía que llegaríamos a eso. Hace una pausa embarazosa y me dice que solo a los veintiocho años descubrió lo que realmente había sucedido en su pasado, durante las sesiones de terapia, después de que ya se le hubiera hecho el diagnóstico correcto (a los veintiséis años).

Durante estas sesiones le contó al médico los sueños que ya se han mencionado del hombre de las manos grandes, el miedo, la desesperación. Y un día lo recordó todo, en una experiencia en la consulta, durante un psicodrama:

Recordar el abuso fue extraño, me quedé helada, me di cuenta de que mi mente se había detenido y había hecho que olvidara todo aquello para protegerme y, por increíble que parezca, descubrir qué fue lo que me dejó así me dio fuerzas para entender mejor mi enfermedad y luchar contra ella. El abuso sexual comenzó a los cuatro años y el abusador era mi padre, la persona a la que amaba y en quien confiaba. Cuando noté sus dedos entre mis muslos por primera vez, sentí ganas de llamar a mi mamá, pero me quedé callada. Después de todo, hay que obedecer al padre. ¡Y yo obedecí al mío!

Recuerdo su primera visita maliciosa a mi habitación. Cerró la puerta, sonrió y me miró con cariño. «Mamá está durmiendo, no hagas ruido». ¿Por qué tendría que hacer yo ruido? Se acercó y me tocó los pies, masajeándomelos, luego subió y siguió masajeándome los muslos y las piernas. Recuerdo que llevaba mi camisón de Minnie. ¡Hoy pienso en el contraste de esa escena! Cuando me tocó allí... tuve miedo, me sentí muy confusa, pero él era mi padre. Los abusos continuaron y a los ocho años sentí el dolor físico de ser penetrada, algo dentro de mí estalló, la sangre fluyó y en ese instante también se rompió mi infancia. No sé cómo me quedé quieta, pero sé que el dolor se mantuvo durante días, tuve fiebre y le dije a mi mamá que no quería ir al médico. De alguna manera luché y sobreviví, pero se me olvidó, hasta que volví a recordarlo veinte años después. Mi padre era el violador, el pedófilo. ¡Qué contradicción!

Y cansada, Lola continúa:

Si me preguntas las características de vivir al límite, te respondo lo siguiente: ¡a nadie le gusta ese caos, puedes estar segura! Si la persona está exagerando es porque necesita mostrarse, porque está demasiado necesitada, no tiene límites ni sentido en la vida. ¡Siento que me estoy muriendo y ahora no quiero hablar más!

Lola hace una pausa y luego prosigue:

Vuelvo porque necesito sacar esta mierda... Pero no sé hasta qué punto me estás juzgando o despreciando, y si hay algo que no soporto es el desprecio y la «simpatía» de personas que se sienten superiores, no digo que sea tu caso.

Te voy a contar algo que pasó un día y que me marcó... Una amiga mía se estaba liando con mi novio. Mientras, él decía que ella era fea, estúpida, etc. Yo me sentía segura. Pero cuando entré en aquella habitación y los pillé a los dos, quise morirme de tanto odio... Golpeé a la chica y pateé a mi novio, que estaba tratando de apaciguarme... Salí corriendo de allí. La sensación de abandono es lo peor del mundo y para un *borderline* ¡se multiplica por diez! No podemos lidiar con el rechazo, el abandono, la crítica...

Pero hay otro lado: después de sentir el dolor del desprecio, tenemos un mecanismo de defensa por el cual la persona que nos causó el dolor se convierte en nada, y con frialdad la borramos de nuestra vida y ya no hay más dolor. ¡Somos esta rara mezcla de dolor extremo y frialdad! No creo que amemos a nadie, y menos a nosotros mismos. Tengo la clara sensación de que nunca voy a mejorar, aunque dicen que a los treinta la enfermedad del *borderline* comienza a remitir, así que quién sabe... ¿Conmigo será a los cuarenta? [utiliza un tono sarcástico].

Pero me resulta difícil, ya estoy llena de cortes, drogas, sexo promiscuo y ese vacío que se empeña en no cesar. La medicación que tomaba antes ciertamente era errónea, porque pensaban que era bipolar. Los *borderlines* no tenemos un diagnóstico muy «certero», los terapeutas me pusieron litio en vena y solo empeoré... Así que prefiero la marihuana y la cocaína, ¿cuál es la diferencia? Mira, una cosa puedo decirte: nuestro poder de manipulación es el más grande del mundo, somos psicópatas por unos segundos y luego somos los seres más sensibles sobre la faz de la Tierra. El peor sentimiento es no saber quiénes somos, qué queremos de nuestra vida; todo es voluble y exageramos en el sexo, con las drogas y las autolesiones solo para sacar la droga de la vida que llevamos en nosotros. No lo sé, creo que ahora estoy cansada, ¡adiós!

Vuelve:

Qué horrible es no saber controlarme. Cuando estoy nerviosa, me ciego, el primer objeto que veo frente a mí se lo lanzo a la otra persona y no pienso en las consecuencias. En mi casa ya no hay objetos de cristal, es mejor no tenerlos. ¡Cuando las personas me contradicen o me desprecian, quiero matarlas, retorcerles el cuello! Y como no puedo hacer eso, empiezo a golpearme, a arañarme la cara, a golpear la pared, a tirarme del cabello. Me muerdo la mano hasta que me sale sangre. Mira, esto de ser *borderline* me está matando... Lo peor de todo es la mirada espeluznante de la persona a la que acabo de agredir... Si supiera que después de la furia viene la culpa, una culpa inmensa, que me postra en la cama...

Querría volver atrás y poder ser la hija de otra familia, haber tenido otra historia de vida, sin las rupturas que sufrí en el alma, en la mente y en el espíritu. Sabes, cuando alguien abusa de tu cuerpo y hace lo que quiere con él, te partes en dos, te partes de verdad, como si fuéramos una naranja cortada por la mitad; hay un lado que quiere insistir en seguir, pero hay otro lado que insiste en la autodestrucción.

Dicen que los *borderline* aman y odian a la vez, dicen que somos personas sin moral, antisociales, algunos incluso dicen que somos psicópatas. Creo que el verdadero psicópata es aquel que le quita al niño la posibilidad de crecer con dignidad. Somos fruto de esos seres, lo que queda de esos actos atroces, somos la continuación de lo que hacen, no podemos olvidar el dolor, el vacío, el miedo, la «interrupción».

Ya sabes, déjame intentar explicártelo. La falta de límites viene y se queda con nosotros, es como si no tuviéramos nada que perder, así que practicamos sexo sin condón, somos víctimas constantes de peleas y palizas, pero lo permitimos. Somos personas que sufrimos en el grado más alto de intensidad y unos segundos después nos mostramos completamente frías, como si el dolor fuera tan grande que incluso nos paralizase por unos instantes, haciéndonos inmunes a todo.

Nuestra necesidad es enorme, odio admitirlo, pero es verdad. Un *borderline* puede estar con una persona peligrosa simplemente para no estar solo. ¡Eso es una locura! Estar solo es como no saber quiénes somos, entonces el otro se convierte en nuestro espejo, ¿sabes? A través de los demás nos situamos en el mundo, así que imagina solo el miedo a perder a esa persona. Es como si nos fuéramos a perder a nosotros mismos.

Traté de suicidarme por el abandono y dos días después estaba con otra persona, sintiéndome «completa» nuevamente. El dolor del abandono no es porque amemos a la persona, es porque nunca podemos estar solos, ¡nunca!

También tenemos la sensación de no saber lo que queremos en la vida. Cuando veo que alguien se gradúa y asiste a cinco años de universidad, le digo: «Guau, ¿cómo lo hiciste?». ¿Cómo se las arregla esa persona para elegir y establecer metas? Esa vida «correcta», el hogar, la comida y los niños no son para nosotros. Si no podemos cuidarnos a nosotros mismos, ¿cómo vamos a cuidar a nuestros hijos? Mejor no tenerlos siquiera.

A veces nos emocionamos con alguna materia de estudio y parece que por fin encontramos algo en lo que encajamos y nos completa, pero después de un mes, o menos, nos parece demasiado aburrida y buscamos otras cosas, otros cursos, pero no terminamos nada. Al menos yo nunca lo logro. Una vez me puse a darles patadas a los coches en la calle porque un novio había roto conmigo. Un policía me detuvo y me esposó, luego me llevaron a la comisaría y tuve que explicar y explicar y explicar algo que no tiene explicación.

Si pudiera hacer que la gente lo entendiera..., pero ya hace mucho que me di por vencida en eso... Parezco enfadada, ¿verdad? Sí, lo estoy, pero ten la seguridad de que mañana estaré llorando, que me sentiré culpable por haber dicho o hecho algo mal en esta entrevista. Y si siento que tú, de alguna manera, me desprecias por estar «mostrándote mi verdadero rostro», pasaré algún tiempo llorando compulsivamente y después ni siquiera recordaré tu cara. ¡Es agotador!

Abrazo a Lola y siento un ligero rechazo por su parte, pero justo después se entrega al cariño y me devuelve el abrazo.

Le digo:

—Gracias, Lola.

Y sigo preguntándome si de alguna manera me odia.

Ella grita:

—Oye, ¿alguna vez imaginaste que podría haberte mentido sobre todo esto?

Y yo respondo:

—¿Y alguna vez me has mentido?

Ella me mira con tristeza y responde:

—¡Desafortunadamente, no!

Podemos ver que Lola tiene los principales síntomas de nuestro estudio: Criterios diagnósticos para F 60.31, 301.83. Trastorno límite de la personalidad.

Un patrón invasivo de inestabilidad en las relaciones interpersonales, en la autoimagen y en los afectos y una impulsividad marcada que comienzan en la edad adulta temprana y están presentes en una variedad de contextos, como lo indican cinco (o más) de los siguientes criterios:

1. Esfuerzos frenéticos para evitar un abandono real o imaginario.
2. Un patrón de relaciones interpersonales inestables e intensas, caracterizado por la alternancia entre los extremos de idealización y devaluación.
3. Alteración de la identidad: autoimagen o sentido de sí mismo acusada y persistentemente inestable.
4. Impulsividad en al menos dos áreas potencialmente dañinas para la persona misma (por ejemplo, gastos económicos, sexo, abuso de sustancias, conducción imprudente o comer compulsivamente).
5. Comportamientos, intentos o amenazas suicidas recurrentes, o comportamiento de autolesión.
6. Inestabilidad afectiva debida a una acentuada reactividad del estado de ánimo (por ejemplo, episodios de disforia intensa, irritabilidad o ansiedad, que suelen durar unas pocas horas y rara vez más de unos pocos días).
7. Sentimientos crónicos de vacío.

8. Ira inadecuada e intensa o dificultad para controlar la ira (por ejemplo, muestras frecuentes de mal genio, enfado constante, peleas físicas recurrentes).

9. Ideaciones paranoides transitorias relacionadas con el estrés o síntomas disociativos graves.

MEDICACIÓN PARA EL CONTROL DE LA ENFERMEDAD

ANTICONVULSIVOS / ESTABILIZADORES DEL ESTADO DE ÁNIMO

Actualmente, se ha demostrado que la medicación de bajo efecto anticonvulsivo y gran acción estabilizadora del estado de ánimo es bastante eficaz en el tratamiento de estos pacientes.

Son fármacos que, si se utilizan con criterio y precaución, pueden aportar muchos beneficios en la evolución positiva del tratamiento del trastorno límite de la personalidad. También son muy eficaces para el tratamiento de la agresividad y de la impulsividad.

Litio

El carbonato de litio, ampliamente empleado en pacientes con antecedentes de depresión maníaca, también es un gran aliado para los pacientes *borderline* que manifiestan depresión grave y constantes cambios de humor.

Su mayor problema reside en las intercurrencias que pueden derivarse del efecto tóxico que suele darse cuando la dosis no es la adecuada, ya que una mayor o menor absorción en el organismo depende de cada persona, y solo la medición constante en sangre puede determinar el nivel terapéutico exacto del fármaco.

Neurolépticos (antipsicóticos)

Este tipo de medicación se utiliza para el alivio de las crisis psicóticas, el control de las crisis paranoicas y la sensación de despersonalización.

Pero también es eficaz para pacientes no psicóticos, a los que ayudan en sus reacciones impulsivas, ataques de ira y furia; algunos también pueden ver aliviada su angustia. A menudo se usan junto con antidepresivos en pacientes con trastorno límite de la personalidad, y resultan en una buena reducción de la depresión.

Antidepresivos

Las depresiones son las principales comorbilidades del TLP. Sin embargo, algunos pacientes *borderline* empeoran con el uso de antidepresivos, ya que el problema principal son los cambios de humor, con ciclos rápidos de un estado depresivo a un estado exaltado (maníaco) y viceversa.

REFERENCIAS BIBLIOGRÁFICAS

Alvarez, Anna: *Companhia Viva. Psicoterapia psicanalítica com crianças autistas, borderlines, carentes e maltratadas, desamparadas e que sofreram abuso,* Edit. Blucher, 2020.

American Psychiatric Association: *Manual de Diagnóstico e Estatística de Distúrbios Mentais*, Editora Manole Ltda. pp. 369-370. (Publicado en castellano por Editorial Médica Panamericana con el título *Manual médico y estadístico de los trastornos mentales*).

____ *Manual de Diagnóstico e Estatístico de Distúrbios Mentais*, 4.ª ed., Edit. Artes Médicas, 1995, p. 617.

Armony, N.: *Borderline, uma outra normalidade*, Editora Revinter, Río de Janeiro, 1998.

Cukier, Rosa: «Como sobrevivem emocionalmente os seres humanos?», *Revista Brasileira de Psicodrama*, vol. 3, 1995, pp. 59/77.

____ *Psicodrama Bipessoal: Sua técnica, seu paciente e seu terapeuta*, Editora Ágora, 1992.

____ *Supervivencia Emocional: Los dolores de la infancia revividos en el drama adulto*, Edición independiente, 2021.

Erikson, Erik: *Identidade, Juventude e Crise*, Zahar Editores, 1968.

Falivene, Luis R. Alves: «Jogo: Imaginário autorizado e exteriorizado», en *O jogo no Psicodrama*, Júlia Mota, Ed Ágora, 1995 pp. 45/56

Freud, S.: «La moral sexual "cultural" y la nerviosidad moderna», *Obras completas*, Amorrortu editores, 2013.

Herman, J. L.: *Trauma and Recovery*, Basic Books, Nueva York, 1992.

Kreisman, J. Jerold y H. Strauss: *Te odio, no me abandones,* Editorial Sirio, Málaga, 2022.

Kroll, Jerome: *PTSD / Borderlines in Therapy: finding the balance*, W. W. Norton and Company Inc., 1993.

Lineham, M. Marsha: *Cognitive Behavioral Treatment of Borderline Personality Disorder*, Guilford Press, 1993.

Mahler, M.: *O Nascimento Psicológico Humano*, Zahar Edit., 1977.

Miller, Alice: *El drama del niño dotado*, Planeta, Barcelona, 2020.

Millon, T.: «On the genesis and prevalence of the border-line personality disorder: A social learning tesis», *Journal of Personality Disorders 1*, 1987, pp. 354/372 (citado por Lineham, M. Marsha).

Painceira, A. J. «Análise estrutural da patologia frontei-riça», en J. Outeiral y S. Abadi (orgs.), *Donald Winnicott na América Latina: Teoria e clínica psicanalítica*. Río de Janeiro: Revinter, 1997.